가난을 엄벌하다

Les prisons de la misère

가난을 엄벌하다

로익 바캉 지음 | **류재화** 옮김

나의 친구 아샹테, 압데라작,
그리고 이 땅의 모든 부당한 처우를 받는 이들에게

• 차례 •

신자유주의
형벌 정책
비판을 위한
시민사회학

이 책은 시민사회학¹을 위한 일종의 연습이다. 사회적 의미를 갖는 논쟁을 지향하고, 그 논쟁의 최전선에 참여하기 위해 사회과학적 도구들을 마련해보려는 노력이다. 논쟁 주제는 20세기 말 20여 년 동안(1980~2000) 서구 선진 사회에서 급부상하고 있는 감옥의 역할과 형벌 강경책으로의 전환이다. 주요 대상 국가는 프랑스와 그 이웃 나라들이다. 이들은 1990년대 미국의 사회복지 정책이 후퇴하는 동시에 도시빈민 형벌 정책이 강화되면서 나온 각종 슬로건과 조치, 범죄 통제 기술 등을 수입하고 싶어 안달했던 나라들이다. 이 책의 첫째 목표는 새로운 형벌주의의 유포를 조장하는 지배적 정치 담론 및 미디어 담론의 의표를 꿰뚫겠다는 것이다. 둘째는, 유럽 학자들, 시민운동 지도자들, 더 나아가 이 미국산 형벌 정책의 (꺼림칙한) 유포에 관심 있는 시민들에게 국가가 형벌의 날개를 확장하면 어떻게 되는지, 그것을 찬미하면 얼마나 심각한 사회적 결과물이 생기는지, 그리고 어떤 정치적 위험에 빠져드는지 알리려는 것이다. 내가 처음 이 책을 쓰던 1999년만 해도 이 분야에 그다지 익숙하지 않은 터라 행여 내가 소설을 쓰는 것은 아닌가 걱정하기도 했다. 더욱이 이 분야를 더 깊이 파게 되리라고는 생각하지 않았다. 미국 시민운동이 서서히 사그라지면서 치안 정책이 흑인 게토 지대에 집중되는 것을 보고 나는 내 연구 영역에 범죄 및 사법 문제를 끌어들인 다음, 도시빈민 불평등 및 민족-인종 지배 문제로 다시 돌아와야겠다고 결심하게 되었다.[2] 그런데 두 가지 예기치 않은 일이 내 연구 노선과 이른바 지적 행동주의를 더욱 추동하게 만들었다.

첫 번째는, 우선 이 책의 유다른 수용이다. 『가난을 엄벌하다』는 프랑스에서 출간된 뒤 바로 여러 나라에서 번역되었다. 학계는 물론 시민운동가, 정책 입안자 등 여러 분야의 독자들에게 이 책이 깊이 각인되었다. 두 번째는 『가난을 엄벌하다』가 출간된 지 몇 년도 안 되어 12개 언어로 번역되면서 내가 제기한 가설이 세계적으로도 명명백백하게 유효한 것으로 입증되었다는 것이다. 내 가설이란 미국에서 '고안된', 복지국가 와해 전략의 일부분으로서의 이 새로운 형벌 정책이 대서양을 건너 서부 유럽 전역에 가지를 뻗어나갔지만, 이런 전파가 단순히 범죄 발생률의 증가와 그 양상의 변화에 따른 내적 반응이 아니라 신자유주의 정책의 파급에 따른 결정적 파생물이라는 것이다. 외국에서의 열띤 반응 덕에 나는 내 가설을 다시 한 번 확인하게 되었고, 내 가설의 유효함과 적절함을 점검하기 위해 유럽 이외의 다른 대륙의 나라들을 여행할 기회를 얻게 되었다. 하여 윌리엄 브래튼 뉴욕 경찰국장과 그를 고용했다 다시 해임한 뉴욕 시장 루돌프 줄리아니의 이른바 '뉴욕 모델' 정책이 전 세계적으로 유행한 것이 사실임을 입증할 수 있었다. 이 뉴욕 치안 모델은 사실 빙산의 일각에 불과하다. 더 큰 공권력의 실체, 즉 포스트 포드와 포스트 케인스 사회 이후 웰페어에서 워크페어로의 전환으로[3] 인해 축소된 복지, 노동시장 유연화를 명분으로 한 저임금 노동의 보편화라는 더 크고 심각한 문제를 감추고 있는 것이다. 프랑스어 판 『가난을 엄벌하다』가 여러 나라에서 읽히면서 공동 토론의 주제가 되고, 바로 자신들의 이야기가 될 수도 있다고 받아들인다는 점은, 우리의 이론적 논쟁 및 정치적 투쟁의 쟁점이 과연 무엇이 되어야만 하는가를 시사해준다 할 것이다. 우리의 발 앞에 떨어진 문제는 단순히 '국가 리엔지니어링'을 위한 죄와 벌의 사안이 아니라, 신자유주의 이데올로기라는 헤게모니 아래 경제, 사회, 도덕, 문화가 서로 유착되어 생긴 더욱 심각한 사안들이다.

이 책은 출간 이후 학계, 언론계, 시민 사회에 두루 읽혔지만, 프랑스에서 『가난을 엄벌하다』 열독은 우선 제목 그대로 감옥에서부터 시작되었다. 1999년 흐리고 추운 11월의 어느 날, 나는 내 연구 결과물을 파리에 위치한 상테 감옥 입소자들에 의해 운영되는 자체 방송국인 카날웹Canalweb과 텔레 라 상테télé la Santé에 나가 소개했다. 방송 후에는 시내의 한 카페에서(발 디딜 틈 없이 꽉 찼다) 밤늦게까지 상테 교도소 직원 그리고 교정원양성국립학교 학생들과 함께 열띤 토론을 벌였다. 몇 주 뒤 토론은 주요 언론사 및 파리의 에콜 노르말 쉬페리외르école normale supérieure(파리고등사범학교), 노동 투쟁LUTTE OUVRIERE 당이 주관하는 트로츠키 페어, 낭트의 인간학연구원Maison des Sciences de L'Homme, 리옹의 녹색당이 주관하는 데바 드 바débat de bar, 국립과학연구소CNRS, 판사 학교(프랑스 판사 아카데미), '르몽드 디플로마티크 친구들'의 후원을 받아 전국에 걸쳐 조직된 공공 시민 단체, 국제엠네스티, 아탁Attac, 인권연맹Ligue des droits de l'homme, 레종 다지르Raisons d'agir(행동하는 이유), 교정교육프로그램을 연구하는 전국학생모임Genepi, 각 지방 대학 및 인근 협회 단체들, 몇몇 정당 및 조합 등 다양한 분야로 확대되었다. 2000년 5월에는 내 고향 몽플리에의 '메종 데 생디카(조합원의 집)' 주최로 '빈곤의 형벌화'라는 주제의 세미나가 하루 종일 열렸다. 사회과학 연구자, 변호사, 판사는 물론 교육, 의료, 사회복지, 소년원, 국가 교도소 교정 단체 등에서 일하는 현장활동가들이 이 세미나에 참석했다.[4] 이어 『가난을 엄벌하다』는 연극으로도 각색되어 2000년 6월 탕페트 극단의 공연 무대에 올랐다. 또한 이 책에서 다뤄진 논제들이 다큐멘터리 필름에 삽입되기도 했고, 각종 학술 선집 및 잡지, 관보 등에 인용되기도 했다. 이어 나는 국제노동기구의 초청을 받아 제네바 유엔 2000 포럼에서 발표할 기회를 얻었으며 각국 대표단들은 자국에서도 이 주제 토론을 해보면 좋겠다며 방문할 것을 제안했다.

초청을 거절하기는 힘들었다. 몇 달 사이 『가난을 엄벌하다』는 6개국에서 번역, 출간되었고, 이탈리아, 에콰도르, 캐나다, 헝가리, 핀란드, 일본 등 멀고도 다양한 나라에 소개되었다(총 19개 언어로 번역되었다). 이 책에서 다뤄진 문제들이 자기 사회 문제로 치환된 것인지 대학 및 각종 인권 단체, 지자체 기관들, 정치 단체, 직업 단체 등에서도 토론 요청이 쇄도했다. 이베리아 반도에서는 스페인어로만 번역된 것이 아니라 카탈루냐어, 갈리시아어, 포르투갈어 등으로도 번역되었다. 불가리아에서는 내 책의 번역자가 국영 텔레비전에 초대되어 그 논지들을 소개하기도 했다. 브라질에서는 형무 연구소와 만디도 멘데스 대학 범죄학 프로그램의 후원을 받아 『가난을 엄벌하다』 브라질 판이 출간되었고, 리우데자네이루 주 전 주지사이자 법무부 장관과의 토론도 성사되어 주요 전국 일간지에서 다뤄졌다("브라질 부르주아지들은 독재국가를 다시 세우려고 하는가?"라는 나의 표현이 자극적이었는지 기사의 제목으로 실렸다).[5] 몇 주에 걸쳐 『가난을 엄벌하다』의 테제는 기자, 학자, 변호사 들 사이에서 환기되었고, 대법원 판결에서도 인용되었다. 그리스에서는 이 책의 출간과 함께 아테네 프랑스 대사관의 후원을 받아 '미국, 프랑스, 그리스의 형벌국가'라는 제목으로 사회학자, 법학자, 역사학자, 치안판사 및 여러 리포터 들이 참여한 가운데 이틀간 좌담회가 열리기도 했다. 덴마크에서는 사회복지사 전국연합이 빈민 감시와 통제, 빈민 형벌화라는 정책적 동향에 저항하는 데 학술적 무기로 쓰기 위해 이 책의 출판을 지원했다. 터키에서는 출판 허가를 받지 않은 비공식 번역본으로 먼저 경찰국장 양성 학교에서 읽혔고(프랑스에서 사회학 연수를 받을 때 우연히 이 책을 읽은 한 경찰국 위원이 번역했다) 이후 정식 출판되었다.

그러나 무엇보다 2000년 4월 아르헨티나를 방문했을 때 『가난을 엄벌하다』가 사회적·정치적 신경계를 얼마나 생생하게 건드렸는지 절감하게 되었다. 내가 아르헨티나에 발을 디딘 것은 그때가 처음이었다. 아르헨티나의 경찰, 사법, 교정 기관에 대해 나는 어떤 사전 지식도 없었다. 그런데 내 분석 틀이 마치 아르헨티나의 최근 흐름을 포착해 명시화한 것만 같았다. 부에노스아이레스에 도착했을 때는 마침 지방선거가 한창이었다. 좌파와 우파 후보 모두 미국식 방법론에서 영감 받은 범죄와의 전쟁을 공약으로 내세우며 대선거전을 치르고 있었다. 윌리엄 브래튼이 이곳에 날아와 '톨레랑스 제로' 가스펠을 부르고 간 지 딱 한 달 뒤였다. 나 역시도 학술, 정치, 미디어 폭풍에 휩싸여 있었다. 10일 동안 나는 학술 모임, 현장활동가들과의 만남, 정부 관료 및 법률 전문과들과의 토론회, 신문, 텔레비전, 라디오 방송국과의 인터뷰 등 29건의 행사를 소화했다. 또 거리에서 만난 사람들과도 『가난을 엄벌하다』가 제기하는 문제들에 대해 더 뜨거운 질문과 답변을 주고받기도 했다. 그때도 그랬지만 지금 떠올려보면 거의 초현실적인 경험이었다. 다음은 2000년 4월 26일 새벽 1시 46분 아야쿠초 호텔에서 미국의 한 지인한테 보낸 편지다. 그때를 떠올려보며 그대로 실어본다.

오전 8시 30분, 한 유명 인사가 진행하는 라디오 프로그램에 나가 짤막한 인터뷰를 했어요. 이어 내무부 장관실로 가 사법부와 내무부의 고문들과 두 시간 반가량 이야기를 나누었고. 일곱 분 중 여섯 분이 내 책을 읽었고, 한 사람은 곳곳에 메모를 해가며 처음부터 끝까지 꼼꼼히 읽었더군요. 두 장관에게 두 권의 책을 사인해서 증정하는 것으로 모임은 끝났습니다. 이어 한 서점으로 가 《루나》라는 대중 여성잡지와 인터뷰를 했는데, 순간 "아르헨티나 여성 여러분, 톨레랑스 제로에 저항합시다! 부권 형벌국가에 저항합시다!" 하고 외치는 소리를 들은 것 같은 기분이 들었습니다.

잠시 쉴 겸 한 서점에 들렀는데, 고맙고 반갑게도 『가난을 엄벌하다』가 진열창에, 서점 탁자에 잘 배치되어 있더군요. 거기 있는 분들에게 좋은 인사말도 듣고, 서점 분들로부터 고맙다는 인사도 받았어요. 한데 거기 있던 사람 중에 라디오 쇼를 진행하는 사람이 있었어요. 그래 즉석에서 또 다른 인터뷰가 잡혔습니다(이것이 나중에 연극 대본이 되었다). 오후 5시에는 잠시 휴식을 취하고 다시 장시간 인터뷰를 위해《라 나시온》(《르몽드》와 거의 동격)으로 갔어요. 이때 제법 긴 포토타임을 가졌는데, 아마 지난 30년 동안 찍은 것보다 더 많은 사진을 이 3일 동안 다 찍은 것 같습니다. 나는 이 인터뷰에서 대담하게도 톨레랑스 제로(Tolérance zéro: 관용과 인내심 전무, 절대 봐주기 없기 정도로 해석할 수 있겠다 – 옮긴이) 정책을 빈민을 탄압하는 독재국가의 복귀와 동일시했어요. 그날은 좀 흥분했는지 훨씬 정치적이고, 단정적으로 말한 것 같습니다.

저녁 7시, 완전 기진맥진. 하지만 제일 중요한 행사가 남아 있었죠. 케이블 텔레비전 방송국인 센트로 쿨투랄 리카르도 로자스에서의 공개 강독 및 토론회. 이 나라 주요 감옥 전문 법률학자이자 전국 교정행정부장(미국에서 이런 것을 상상이나 할 수 있을까요?)이며 부에노스아이레스 대학 사회학과장인 분과 안전 정책 전문가이자 다가올 지방선거의 한 좌파 후보의 고문인 분이 토론자로 나오기로 했습니다. 방금 말한 좌파 후보는 아니발 이바라라는 사람인데 원래 토론자로 내정되어 있었지만, 나오지 않기로 했답니다. 그 이유는, 기자들과 정치인들 사이에 농담 비슷한 소문이 돌았나봐요. 괜히 토론회에 나왔다가 여론조사에서 밀릴 수도 있다는 생각이 작용한 것 같습니다. 그 농담 같은 소문이란, "카발로(우파 후보)는 윌리엄 브래튼과 러닝메이트고(브래튼은 자기 물건을 팔러 이미 두 번이나 이 나라를 방문했지요), 이바라는 로익 바캉과 러닝메이트다!"(정말 그렇게 되었으면 어찌 되었을까요?) 참, 덧붙이면, 부에노스아이레스의 모든 판사와 검사의 수장인 법무부 장관이 저보고 내일 라 팔라타에 와달라고 했습니다. 그곳 치안판사들 전체 회합에서 저를 소개해주겠다고요.

토론회 객석은 환호 소리로 가득했고, 땀이 날 정도로 열기가 후끈했습니다. 한 3백 명 정도 모인 것 같은데, 원래 객석 규모라면 그 반 정도나 수용할 것 같았습니다. 자리가 다 차 사람들이 바닥에도 앉고, 계단에도 앉고, 단상 양 옆에도 앉고, 벽에도 기대서 있었습니다. 기절할 것 같았어요. 거의 정신이 없는 상태에서 말을 한 것 같습니다. 아무튼 정말 열띤 분위기였습니다. 토론이 밤 11시까지 계속되었어요. 중간에 큰 소리로 객석에서 언설이 오가고, 손을 마구 휘두르면서 열변을 토하고(전형적인 아르헨티나 식 토론이라고 하더군요). 경찰에 고문당한 적이 있는 사람들한테서 경찰 폭력에 대한 증언과 질문들이 쏟아져 나왔고, '사라진 사람들'에 대한 의문 및 정부 부패에 대한 원성이 이어졌습니다(정치인들의 언어인 '톨레랑스 제로'를 제 책에서 비판했지만, 정치권의 부정과 기만에 대해서는 강력한 '톨레랑스 제로'를 실시해야 한다며 저 역시도 흥분했지요). 붐비는 청중들에 끼여 책 사인회를 했고, 그사이에도 또 일대일로

즉흥적인 질문과 답변이 오갔습니다.

사람들 틈에서 빠져나오자, 피로와 긴장이 녹으면서 기운이 하나도 없었지만 바로 같은 건물에 있는 텔레비전 스튜디오로 다시 옮겨가야 했습니다. 그곳 쿨투랄 센터가 운영하는 텔레비전 채널의 한 프로그램에 가서 인터뷰를 했습니다. 《파지나 12》라는 이 나라 주요 좌파 일간지에도 전면 인터뷰가 실렸는데, "글로벌라이제이션은 미국산 발명품이다"라는 제목으로 나갔습니다. 또 밤 10시에는 호라치오 베르비츠키가 진행하는 한 프로그램에 출연했고요. 참, 또 법무부 장관의 청을 받은 것도 있는데, 전 스태프들에게 저를 소개하겠다고 했습니다. 내일도 7개의 인터뷰가 있어요. 『제국주의적 명분의 계략The Cunning of Imperialist Reason』 공개 강독도 있고요. 원래 우루과이를 하루 여행하는 일정이 잡혀 있었는데, 너무 아깝지만 다른 인터뷰 요청들 때문에 결국 취소했습니다.

지금 읽으니 과장한 감이 없지 않지만 당시에는 상당히 흥분했었던 것 같다. 『가난을 엄벌하다』가 외국에서 이토록 환영받았을 정도로 내 분석에 많은 장점이 있다는 것을 자랑하려는 것이 아니다. 분석의 잘되고 못됨을 떠나 내가 분석한 현상들만큼은 적어도 전 세계 도처에 퍼져 있었던 것이 확실하다는 것을 말하고자 함이다. '법과 질서'라는 폭풍은 지구 전체에서 정말 맹위를 떨쳤다. 범죄에 대한 담론 및 정책, 처벌 정책이 모두 바뀌어 12년 전만 해도 누구도 이런 처벌 장면을 예측할 수 없었을 정도다. 줄리아니-브래튼 2인조는 톨레랑스 제로 정책을 통해 뉴욕 범죄율이 기적적으로 줄어들었음을 만방에 알렸고,

미국 관료들은 이를 추켜세웠다. 그러니 최근 미국의 법률 강화안이 도시 폭력 및 사회 균열 문제를 해결해줄 수 있는 만병통치약이라 믿고 수입하려고 안달하는 우파 정치인들(더 심각하게는 좌파 정치인들도)[6]이 늘어갔다. 반면 이 방법을 의심하고 비판하는 자들은 만연한 사회 불안을 막는 보편타당한 방법으로 이 형벌 정책을 채택하는 것을 결사적으로 막기 위해 여러 사회학적 논의들과 실증 자료, 방화제 역할을 할 시민 의식을 찾아 헤매었다.

『가난을 엄벌하다』가 발 빠르게 여러 나라에 소개됨으로써 나의 사회학 연구도 계획에 없던 실험에 들어가게 되었다. 내 분석 대상은 원래 유럽연합국들이었지만, 신자유주의-형벌주의 접합 모델은 소비에트 몰락 이후 상당한 혼란을 겪고 있는 라틴 국가들 및 수직적 체계가 강조되는 권위주의 역사를 가진 나라들, 심한 사회적 불평등으로 말미암아 빈민이 대다수인 나라들, 그래서 빈민 형벌 정책이 더 비참한 결과를 가져올 것이 훤히 예상되는 이른바 제2세계 국가들(제1세계, 제2세계, 제3세계 구분은 세계대전 이후 미소 양대 체제에서 나왔다. 미국과 서유럽을 중심으로 한 반공 블록을 1세계, 소련과 동유럽 등의 공산 블록을 2세계, 그 어디에도 참여하지 않는 국가들을 3세계라 불렀다. 제3세계는 개발도상국, 약소국들로 비동맹국가라고도 불렸다-옮긴이)에 더 들어맞았다. 이런 측면에서 경제 규제 완화(다국적 기업에 유리하게 규제 완화)라는 실험을 일찌감치 감행했다가 통화주의 도그마를 강요하는 국제금융기관 감독 밑으로 들어가게 된 라틴아메리카 사회야말로 형벌 만능주의가 판을 치는, 미국판 범죄와의 전쟁 전략이 수입되기 좋은 최적의 장소가 되었다. 이곳의 지배층 엘리트들은 1970년대 한때 밀턴 프리드먼(자유방임주의와 시장 세도를 통한 자유로운 경제 활동을 주장한 경제학자. 1976년 노벨 경제학상을 받았다-옮긴이)을 위시한 '시카고 보이'들에 이미 매혹된 적이 있는지라 신자유주의 재구축으로 인한 여러 결과물들, 특히 양극화된 계급 구조 밑바닥에서부터 시장개혁을 단행해 사회적 혼란과 불안정이라는 문제와 직면한 1990년대, 루돌프 줄리아니를 위시한 '뉴욕 보이'들에 매혹되는 것 또한 당연했다. 시카고 대학에서 나온 '머니 닥터(부자학)' 정책[7]을 가장 먼저 받아들인 나라가 칠레인 것은 우연이 아니다. 이후 칠레는 라틴 대륙에서 제1의 수감률을 자랑했다. 1992년 10만 명 기준 155명에서 2004년 240명으로 늘었다. 한편 브라질의 수감률은 74명에서 183명으로 늘었고, 아르헨티나는 63명에서 140명으로 늘었다(우루과이는 97명에서 220명으로 훌쩍 뛰었다).[8] 대륙 전체에 도시 범죄에 대한 대중적 공포감만 늘어난 것이 아니라 민주주의 룰이 변화했으며, 국가의 사회 정책 축소, 문제 지역 및 문제 계층에 대한 강경책, 그로 인한 사회 분열과 갈등 또한 늘어났다. 하나같이 똑같은 범죄 해결책이 적용되었다. 경찰력의 확대, 큰 고기는 안 잡고 피라미만 잡는 식의 마약 사범 및 거리 범죄 소탕 작전, 마구잡이식 재판, 형량 강화, 터져나는 인간 창고 감옥, 사회적·물리적 상징 의미를 달리하는 장소들에 각개 전투식으로 가동되는 '비상 처벌emergency penality' 체제.[9] 미국 외교관들과 치안 및 사법 분야 요원들의 근면성실 덕에, 미국 싱크탱크들과 그 연합 지부들의 확실한 활동력 덕에, 법과 질서 강화라는 모토와 조치를, 그 미국의 '만나'를 먹고 싶어 죽겠는 외국 정치인들의 허기 덕에

미국에서 온 만병통치약은 아주 잘 팔려나갔다.[10]

서부 유럽 국가들의 싱크탱크 역할은 '메이드 인 USA'의 공격적 형벌 정책을 유포하는 일이었다. 1990년대 맨해튼연구소는 대서양 횡단 작전에 성공하여 빈곤-복지-범죄에 관한 영국 정책의 변수를 바꿔놓았다. 10년이 지나서 이제는 이것을 라틴아메리카에 수출하기 위해 이른바 'IAPE(Inter American Policy Exchange: 미 대륙 간 정책 교환)' 프로그램을 개발했다. 이것은 정부의 규모를 줄이고, 실적주의, 즉 성적책임주의식의 학교 개혁과도 같은 '사업촉진지구business improvement district'를 포함하는 신자유주의 정책의 패키지 상품이었다. 그 주요 사절은 윌리엄 브래튼을 필두로 뉴욕 경찰국장 시절 보좌관이었던 윌리엄 앤드류와 그 유명한 '깨진 유리창broken-windows' 이론의 공동 창작자인 조지 켈링이었다. 이 '법과 질서' 사절단은 남미 각국을 여행하며 경찰 간부 및 대도시 시장들만 만난 것이 아니라 주지사들과 의회 각료들, 대통령도 만났다. 칠레 산티아고 IAPE 상설 사무소의 후원을 받아 그들은 우익 싱크탱크, 미 상공회의소 지사 임원, 기업 경영진, 갑부 회장 들을 여러 차례 만나 설교도 하고, 자문도 해주는가 하면 시민 집회에도 참석했다. 조지 켈링은 아르헨티나 시민 1만여 명이 운집한 루나 파크 범죄 규탄 시민대회에 직접 연설자로 나선 바도 있다.[11] 친親시장정책 및 형벌 치료제를 홍보하기 위해 필요하면 IAPE를 통해 바로 지역 단위로 들어가 중앙정부 정책에 반대하는 지역 및 시 지자체 의원들과 공조하기도 했다. 이것은 바로 베네수엘라의 사례로, 당시 좌파 대통령 우고 차베스는 빈곤과 불평등을 감소시킴으로써 범죄율을 낮추는 희망 정책을 준비했으나, 반대파였던 카라카스 시장은 맨해튼연구소의 관점을 공유하며 범죄의 책임은 범죄자 그 자신이 져야 하고 범죄는 오로지 공권력으로 다스려야 한다고 생각했다.

라틴아메리카 컨퍼런스(맨해튼연구소 공문에서 발췌)

맨해튼연구소는 라틴아메리카에 우리의 아이디어를 소개하고 그곳에 열기를 불러일으키기 위한 효과적인 방법으로 각종 컨퍼런스를 개최하기로 했다. 하여 우선 라틴아메리카에 싱크탱크 지부를 두어 공조하기로 한다. 우리의 목표는 단순히 컨퍼런스를 개최하는 데 있는 것이 아니라 장기적인 협력 관계를 구축, 이 나라 지도자들이 범죄와의 전쟁에 나서고, 각종 교육 기관을 설립하고, 정부 개혁 프로그램을 입안하고 실행하도록 돕는 데 있다. 그러한 취지에서 우리 컨퍼런스는 장기간의 소규모 학습 세미나 및 정부 관료들, 여론 주도층들과의 일대일 만남도 기획할 것이다.

베네수엘라 2000년 9월. 전 뉴욕 시 경찰국장 윌리엄 브래튼, 윌리엄 브래튼 연구소 수석 연구원 조지 켈링, 카를로스 메디나, 베네수엘라 카라카스 방문. 이 순방은 싱크탱크 그룹 CEDICE와 베네수엘라-아메리칸 상공회의소, 카라카스 새 시장 알프레도 페냐가 주관한다. 행사로는, 5백 명 이상이 참석하게 될 '우리 지역사회의 질서 재건과 범죄 감소 방안'이라는 제목의 심포지엄, '상업 구역 개발, 상업 지구 촉진'이라는 제목으로 카라카스의 경제계 주요 리더들이 참여하는 소규모 세미나 등이 있다. 또한 카라카스 5개 대도시 시장들 및 법무부 장관 하비에

르 엘레치게라, 주요 대도시 경찰청장들, 미국 대사 도나 흐리나크 등
과의 회동도 포함되어 있다.

멕시코 2000년 5월. 조지 켈링은 멕시코시티를 방문, 멕시코 우니도 콘
트라 라 델리쿠엔치아 컨퍼런스에 참석, 5백여 명 앞에서 기조연설을 했
다. 3대 대선 후보자가 모두 참석했으며 조지 켈링은 치안 및 공공 안전
정책을 위한 몇 가지 안을 갖고 있던 대통령 후보 빈센트 폭스를 별도로
만났다. 또한 켈링 박사는 루트비히 폰 미제스 연구소가 주최한 컨퍼런스
에서도 연설을 했다. 마지막으로 미국 대사 제프리 데비도우는 멕시코의
치솟는 범죄율을 끌어내리기 위한 대책을 논의하기 위해 쿠에레타로 주
지사 이그나치오 로욜라, 누에보레온 주지사 페르난도 카날레스 클라리
온드, 멕시코시티 치안 정책의장 알레한드로 게르츠 마네로 등 권력서열
12위 안에 드는 정부 고위 관료들을 관저에 초청, 연찬 회동을 열었다.

맨해튼연구소는 각종 보고서, 정책 브리핑, 그들의 비전을 지지하
는 언론 기사 등을 스페인어, 포르투갈어로 번역하여 라틴아메리카
전역의 여론 주도층에게 뿌렸다. 또한 라틴아메리카 관료들을 뉴욕
시에 초청해 현장 답사, 기술 훈련, 세미나 등 각종 행사를 열고 (사회
복지, 경제 차원의) 작은 정부, (하층 계급 범죄에 대한) 법치 강화라는 그들
의 독트린을 주입시켰다. 이런 전도사식 정책으로 맨해튼연구소가 곧
"이데올로기의 바티칸"이며,[12] 윗사람들은 제멋대로 하면서도 품위를
지킬 수 있게 해주고, 아랫사람들은 아무것도 못하게 간섭하는 것이
신성불가침한 국가의 역할이라고 믿는 라틴아메리카의 정치인 세대

가 부화했다. 이 정책자들은 강경 형벌 정책을 시행하는 일에, 거리 안전 강화를 내세워 구속 조치를 확대하는 일에, 도시를 휘젓는 무질서를 정리하는 일에 주력했다. 경찰 부패, 법정 기능 마비, 유치장과 형무소의 끔찍한 폭력성에는 눈감은 채. "점령군처럼 매일 주거지에 주둔, 당장이라도 전 이웃을 집단적으로 처벌할"[13] 분위기를 조성하는 이 지극히 일상화된 '마노 두라mano dura'(강철 주먹) 정책이 범죄에 대한 공포, 폭력에 대한 공포를 확대하는 주범이라는 사실에는 눈감은 채.

놀라운 것은, 당시 권력을 잡은 좌파 정당이 자국을 "미국의 경제적·정치적 지배력에 맞서는 저항지로, 신자유주의에 대한 반발지"[14]로 전환시키려는 노력을 하는데도 불구하고, 미국식 형벌 정책의 자력 때문인지, 그들이 약속한 정치적 수익에 매료되어서인지 여하튼 라틴아메리카 전역의 당선 주자들은 계속해서 거리 범죄 소탕을 위한 강경 형벌 정책을 지지했다는 것이다. 당시 진보 정당 소속의 멕시코시티 시장 안드레스 마누엘 로페스 오브라도르의 계약건만 해도 그렇다. 오브라도르는 현지 기준 및 체질에도 전혀 맞지 않는 '톨레랑스 제로'라는 신비의 '묘약'을 멕시코 수도에 먹이는 사업을 위해 줄리아니 파트너십 자문회사와 4백 5천만 달러의 계약을 체결했다(라틴아메리카 최고 갑부인 카를로스 슬림 헤루를 비롯한 그 지역 경영인 컨소시엄에서 비용을 충당함).[15] 그런데 사실상 아무리 경찰력을 총동원해 노점상들이나 차창 닦기 벌이꾼들(대부분 어린아이들)을 없애려 해도 그 수를 현저히 줄이는 일은(천 명을 열 명으로?) 실패가 예정되어 있다. 지하경제에서 이들이 하는 주된 역할이 있는 이상 오브라도르에게 필요한 지지표를 위해서라도 이 하층 계급의 재생산은 필요악이다. 멕시코 경찰이 그들의 열악한 봉급을 보충하기 위해서라도 합법과 불법을 막론한 온갖 종류의 지하경제에 깊이 개입되어 있는 것은 누구나 다 아는 사실이다. 멕시코시티만이 아니라 마르세유, 밀라노 할 것 없이 통치자의 불굴의 정신과 정부 당국의 결연한 의지를 거듭 천명하며 범죄 감소를 위한 실질적 대안으로 이 뉴욕 모델을 채택한 것이다.

『가난을 엄벌하다』의 세계적 반응과 스웨덴, 프랑스, 스페인, 멕시코 같은 다양한 나라에서의 지난 10년 동안의 형벌 제도의 발전만 보아도 브래튼 마니아가 거의 전 세계적으로 퍼져 있을 뿐만 아니라, '톨레랑스 제로'의 파급으로 '시장주의-사회 보조 축소-형벌 확대'가 한데 물려 있는 정책 형태가 더 넓은 국제시장을 갖게 되었음을 알 수 있다.[16] 경제 규제 완화, 복지 예산 축소라는 '워싱턴 합의'가 시장의 보이지 않는 손처럼 형벌국가라는 강철 주먹으로 포르노그래피성의, 통제주의성의 열쇠를 쥐고 범죄 정책까지 포위하기에 이르렀다. 지리-공간적으로나 시기적으로나 정확히 맞아떨어진 선전 보급이 내 중심 가설에 더 확증을 준 셈이다. 지난 20여 년간 제1세계 및 제2세계에 이르는 경찰, 법원, 감옥의 부흥과 번영은 신자유주의 혁명의 결과라고밖에는 볼 수 없다. 언제 어디서든 이 신자유주의라는 괴물은 어떤 장애물이든 제거하며 앞으로 성큼성큼 나아간다. 저임금 노동시장의 규제 완화는 복지 제한 조치를 필연적으로 가져왔고, 이것이 다시 불안정 고용을 강화해 후기산업사회의 신新프롤레타리아를 만들어냈다. 국가의 형벌 날개를 확대, 비상하는 방안은 일석이조의 효과가 있었다. 첫째, 계급 구조 밑바닥의 사회적 불안정으로 야기된 도시와해 문제를 줄일 수 있고, 둘째, 사회, 경제 전선에서의 국가 리바이어던의 무능을 솔직히 인정하는 대신 합리화할 수 있다.[17] 그런데 보자. 신자유주의화가 고용 및 복지 분야에서 힘을 발휘하지 못한 곳, 가령 '톨레랑스 제로'라는 세이렌 소리에 귀를 틀어막은 스칸디나비아 반도의 북유럽 국가들(이들도 물론 지난 10년간 음주운전 및 마약 관련 위법 행위를 제재하기 위한 많은 노력을 했다)[18]에서는 형벌 강화책이 둔화되었거나 우회되었고 범죄에 대한 전 국민적 관심 및 우려가 높았음에도 수감 인구 수는 정체하거나 경미한 증가를 보였다.

따라서 『가난을 엄벌하다』가 제안하듯 선진 사회에서의 형벌 정책의 변화를 소위 진화발전 모델설(최근 이론에 지배적인)로서 순순히 받아들일 것이 아니라 미국에서 가공된 각종 담론, 규범, 정책 들의 순환 고리를 하나하나 불연속적으로 끊어서 그 전파의 메커니즘을 분석해 볼 필요가 있는 것이다. 이 담론, 규범, 정책이 정당한 명분을 가진 실천 행동이 아니라, 신자유주의 정부 정책 구성의 주요 성분에 불과하며 바로 이로써 사회적 불평등 및 소외 문제가 더욱 야기되었음을 폭로해야 하는 것이다.

조크 영의 '배제사회'론, 데이비드 갤런드의 '통제문화'론, 형벌 개념에 관한 최신 엘리아스파 이론들, 신新뒤르켕파 이론들, 신新푸코파 이론들[19] 등 모두가 말하고 있지만, 죄와 벌의 정치성은 현대에 와서 대전환이 일어났다. 소위 포스트모더니티, 위험사회Risk Society와 같은 사회장社會場의 변화로 인한 결과물이기도 하다. 범죄에 대한 불안 및 그 문화적 여파가 사회 이곳저곳을 가로지르며 그에 대한 반응처럼 내성적으로 생긴 변화이다. 이 책에서(보완된 다음 책 『빈자를 벌주다』에서 더 면밀히 검토되었다) 폭로한 사회복지와 형벌 제도를 연계한 치안 정책은 점증하는 사회 불안 및 그로 인한 하층 계급의 불안정에 상응, 응징하는 정치 프로젝트에 불과하다. 이 프로젝트는 시장 메커니즘을 보강하고, 노동의 파편화, 사회보장 예산 삭감, 인종 및 민족의 위계질서(미국이 인종 간이라면, 유럽은 민족-국가 간, 라틴아메리카는 둘 다)의 격동 등으로 인한 사회 내부 조직의 와해를 제어하면서 신新후기산업사회 프롤레타리아를 조련하는 안을 포함하고 있다.[20] 더욱이 이 새로운 리바이어던의 기능은 정치 조작자들, 지식 경영자들의 외부적 지원에 힘입어 더 원활하게 작동했다. 소위 싱크탱크들이 전국 곳곳을 다니며 자본/노동, 복지, 법치 강화에 관한 다층의 이데올로기 마케팅에 전력투구했다. 신자유주의가 시작 단계에는 지리적·지역적으로 다양하게, 균일하지 않게, 여러 형태로 만들어졌지만,[21] 21세기 전환 시점에는 '국가-시민-시장'이라는 3연쇄 체제를 전 세계적으로 재구축해 나갔다. 이 캠페인은 처음 미국에서 가동되었고, 곧 이 나라 중추신경계로 자리 잡았으며, 서유럽에서는 영국, 라틴아메리카에서는 칠레와 같은 중개국과 공조하여 정복의 타깃이 된 몇몇 외부 사회를 잠입, 공략했다.

참으로 희한한 일은, 형법학을 공부하는 미국 학생들은 포드-케인스주의자들의 맹약이 파기되고 흑인 게토가 붕괴된—이것은 부인하지 않는다—여파로 미국에서 만들어진 치안-사법-형무 구도가 외국에까지 뻗어나간 것을 알지 못한다.[22] 톨레랑스 제로 정책만 아니라 야간 통행금지, 전자 감시, 신병훈련소 및 '구속 쇼크'식의 사전 심리, 플리바게닝(유죄협상제도), 판결강제최소한도제, 성범죄등록제, 청소년 범죄자 성인 법정으로의 이전 등도 유럽의 해안가로 고스란히 옮겨졌다. 이 월경越境의 사태들, 그 파급 효과들을 찬찬히 결산해봄으로써 신자유주의 형벌 정책을 분석하는 주요 열쇠를 얻을 수 있을 것이다. 첫째, 시장 규제 완화와 복지 예산 축소, 형벌 확장 간의 직접적 연계는 국가들 간의 결합 혹은 그 연속적 파급을 집중 조명함으로써 밝혀질 것이다. 가령 영국은 노동시장 유연화 정책과 미국이 개척한 강제 워크페어 청사진을 가장 먼저 채택했다. 또한 엄격한 국가 처벌주의와 재탄생한 모럴주의를 극화劇化하면서 미국의 공격적인 범죄 통제 프로그램을 수입했다.[23]

미국 형벌 형식의 세계적 순환을 추적하다 보면 미국 예외주의라는 개념적 덫을 피할 수 있게 되며, 사회 스펙트럼은 정치적·경제적 굴성에 영향 받기 쉬워 그에 따라 형벌국가의 성장이 불가피하다는 메커니즘을 강조하는 '최신 모더니티'의 애매한 논리도 피할 수 있게 된다. 다시 말해, 미국 형벌국가의 성장을 특이한 사례로만이 아니라 악성 사례로 파악할 수 있게 해준다. 사회의 불안을 형벌로서 통제하고, 그것을 가속화하고 강화하는 다수의 요소들 때문이다. 가령 기술관료 현장의 파편화, '개인의 책임성'을 주문처럼 외우는 도덕적 개인주의, 전체적으로 열악해진 노동 환경, 계급 및 인종 간의 심한 차별화, 최저임금 노동에 굴복하는 흑인 계층 및 도심 게토화, 복지 축소 및 형벌

강화 수렴 프로그램에 적절한 타깃이 되는 게토.[24]

　최근 지역(대도시, 지방), 전국, 세계 차원의 치안 정책 혁신 및 경쟁 간에 연결 고리가 있는데, 톨레랑스 제로 정책 및 교도업의 세계화 과정을 살피다 보면—이를 받아들인 대부분의 국가가 별다른 주목도 하지 않고, 분석도 하지 않은 채 아주 자연스럽게 이 정책을 수용했지만—사법적·행정적 형벌 개념 및 조치들의 선별·번역 과정을 해부하는 데 있어 상당한 결실을 얻을 수 있을 것이다. 미국의 정책 입안자들과 학자들이 만들어낸 그들 나라 특유의 개념과 관심 사항을 세계 어디서나 통용되게 만드는, 즉 신자유주의 일반어가 제조되는 과정을 보면서도 새로운 통찰력을 얻을 수 있을 것이다. 미국은 미국의 제도 자체를 범죄 조절 바로미터로 삼음으로써, 달리 말해, 그 난센스를 난센스 아닌 것으로 만듦으로써, 혹은 특수성을 보편성으로 만듦으로써 법치 강화주의를 효과적으로 합리화했다.[25]

　20세기를 닫는 시점에 나온 『가난을 엄벌하다』는 미국식 형벌 제도의 전 세계적 파급을 비판하면서 치안 및 사법 분야의 이른바 '정책 이전policy transfer'[26]의 싹을 예견했다. 그런 식으로 형벌 및 치안, 사법 분야의 세계화 현상을 조사해준 덕에 지금까지의 세계화 연구에 간접적 기여를 한 셈이기도 하지만, 그런 연구와는 정반대의 결을 취하고 있다. 세계 조직을 행정적·기술적·문화적으로 통일함으로써 세계를 한데 수렴하겠다는 맹목적이고도 친절해 보이는 이런 동향이 사실은 미국 및 그 수용 국가의 학술 시장 및 이데올로기 사업가들의 네트워크를 통한 전략적 활동 덕에 이루어진 것이라는 것을, '차별적·분산적 미국화'라는 것을 주장하고 있는 것이다. 『가난을 엄벌하다』는 형벌 분야를 경제, 사회복지 정책 옆에 나란히 갖다놓기 위해 세계무대로의 정책 이전 따위를 공부하는 학생들에게 세계를 순방하면서 공공정책 공식을 파급하는 싱크탱크들, 타율에 맞추어 활동하는 학자들의 그 주도적 역할에 제발 주의할 것을 당부하는 호소이기도 하다.[27]

형벌주의 물결이 전 지구를 휩쓴 것처럼 『가난을 엄벌하다』가 전 세계에 퍼진 것을 통해 나는 신자유주의 형벌 정책의 보급이 더 진행된 것뿐만 아니라 이 책에 묘사된 것보다 더 다양하고 복잡하다는 것을 알게 되었다. 다양한 자본주의 형태가 있고, 시장 법칙에도 다양한 길이 있는 이상, 빈곤을 형벌화하는 데도 가능한 많은 길이 있었다. 형벌화 자체는 감옥 문제에만 국한되지 않는 다양한 형태를 갖고 있었다. 이것이 경찰, 사법, 형무 제도 등에 다양한 여파와 효력을 미쳤다. 의료보험, 아동 원조, 주거 및 집세 보조 등 공공 원조 정책에도 영향을 미쳤다. 그것은 보통은 침묵을, 때로는 저항을, 때로는 격렬한 반항을 불러일으켰다.[28] 형벌 정책의 종잡을 수 없는 각종 부품들이 각기 분리되어 따로 돌아다니며 처벌이라는 상징적 임무를 더 과장적으로 수행함으로써 범주화/분류화가 더 조장되었다. 『가난을 엄벌하다』에 묘사된 신자유주의-형벌 제도의 연계접합이라는 기초 모델을 더 수정하고 가공해서 더 기가 막힌 것을 만들어냈다.

『가난을 엄벌하다』에 이어 나온 『빈자를 벌주다: 사회 불안정의 신자유주의 정부Punishing the Poor: The Neoliberal Government of Social Insecurity』[29]가 다룬 것이 이것이다. 이 책에서는 연계-발전하는 복지

및 형벌 제도 문제를 공공정책의 도구적·표출적 기능이라는 하나의
이론 틀에 담음으로써 처벌의 정치경제라는 표준 매개변수를 버린다.
대신 지난 사반세기 동안 선진국가의 사회복지 및 형벌 정책의 변화가
서로 연결되어 있음을 보여주는 피에르 부르디외의 '관료적 분야
bureaucratic field' 개념에 따라 논지를 전개한다. 인색한 워크페어work
fare, 후덕한 프리즌 페어prison fare는 도덕행동주의moral behaviorism라는
철학 아래 빈자를 훈련하고 감독하는 단 하나의 조직적이고 체계적인
신안新案을 만들어냈다. 쉽게 팽창하고, 비용도 많이 드는 형벌 기관
및 제도는 신자유주의의 결과(이 책에서 주로 논의되는)가 아니라 신자유
주의 국가를 구성하는 성분 그 자체이다. 지금의 형벌 정책은 복지와
범죄를 분리하는 정책을 구시대의 인습으로 여기게 만들었다. '국가
리엔지니어링'이라는 가면을 쓰고 더 강력한 남성주의, 부권주의를 드
러냈다. 경찰, 법원, 감옥은 이제 단순히 정부 당국이 법과 범죄학의 신
중한 고견을 따라 범죄와 범죄자에 대처하는 기술적 도구가 아니라,
불평등과 소외, 붙박인 정체성을 생산, 확대재생산하고 관리하는 리바
이어던의 정치 능력이자 경영 능력이다. 상황이 이러한데, 21세기 초
역사 무대의 전면에 새 얼굴로 등장한 형벌 제도를 학술적으로 분석하
는 정치사회학을 더욱 발전시켜야 하지 않겠는가. 『가난을 엄벌하다』
는 그 전주라 하겠다.

＊이 서문은 『가난을 엄벌하다Les prisons de la misère』(Paris, Raisons d'agir éditions, 1999)의
2009년 미국 개정판 *Prisons of Poverty*(Minneapolis, University of Minnesota press, 2009)에
실린 서문을 저자의 부탁과 동의로 한국판 서문을 대신하여 실은 것이다−옮긴이.

― 제1부 ―

미국산 형벌국가는 어떻게 전 세계에 파급되었나

＊이 책은 TSER-DG XII(유럽연합)이 "탈선 관리의 새로운 형태Nouvelles formes de gestion de la déviance"라는 취지로 조사한 연구 자료 및 통계를 상당수 참조했다.

어떤 심리적 공포가 몇 년 전부터 유럽 전역에 확산되었다. 공포의 정도가 얼마나 대단했으면 각 국가들은 정책을 전면 수정하고 나섰고, 서서히 사회상마저 바뀌었다. 그것이 무엇이겠는가? "청소년" 범죄와 "도시 폭력"이 들끓는, 이민자들이 주로 사는 "문제 동네"가 각종 사회 문제의 온상지가 될 것이며, 그런 "반사회적" 동네에 사는 주민들이 가장 큰 피해자이자 가해자가 될 것이라는 얘기다. 한데 표현들에 인용 따옴표를 친 이유가 있다. 그 현상이 불분명한 것만큼이나 그 의미 또한 모호하기 때문이다. 범죄를 젊은이들만 저지르거나 범죄가 그 구역에서만, 소위 '도시 외곽 지대Urbain'에서만 일어난다는 보장은 없다. 한데 이런 특징 부여가 난무하고, 숫제 당연지사로 여겨진다. 정치인은 입만 열면 이런 발언들을 쏟아내고, 일간지와 텔레비전은 이런 기사들로 넘쳐난다. 정치학자와 사회학자는 한술 더 떠 고상한 직업적 명분 아래 '사회현상'이라며 이를 주요 연구 과제로 삼기 바쁘며 언론 기사들이 우려먹기에도 좋은 속성 사이비 책들을 써내느라 정신이 없다.

너무 당연하게 받아들이는 이런 개념들은 사실 현실에서 바로 튀어나온 게 아니다. '개인 범죄' '이주민 사회Communauté', 범죄, 특정 국가 조직범죄, 폭력, 정의, 불평등, 책임 등에 관한 온갖 용어와 무성한 담론들은 미국에서 '고안'된 것이다. 이것이 서서히 유럽 공론의 장에 들어왔고, 그러다 보니 어디에나 있는 문제라는 식으로 인식되었다. 세계 학술 무대에서도 이런 견해를 주장하는 학자들의 이론을 재차 확인하게 되니 국제적 명성까지 얻어 본격적으로 쟁점화되기에 이른 것이다.[1] 한데 이 상투적인 논쟁들은 그 대상인 주제와는 아무 상관이 없는 전혀 다른 주제를 은폐하고 있다. 바로 국가 임무의 수정이다. 경제 싸움터에서는 이미 서서히 물러나고 있는 국가의 사회적 역할은 줄이되 국가의 필요성을 강화하기 위해 형벌 업무는 늘리자는 것이다. 아낌없이 주는 '복지국가Etat-Providence'는 이제 시쳇말이니 대신 돈 펑펑 잘 쓰는 신자들을 섬기고, 그들의 '안전'(고용, 사회복지, 의료, 교육 등의 생활보험 개념이 아니라, 공익의 우선권과 관련된 정말 말 그대로의 물리적 개념의 안전)을 보살피는 일에나 매진하자는 것이다.

경제국가 소멸! 사회복지국가 약화! 형벌국가 강화! 바로 이것이다. 이 3대 캐치프레이즈에 시민의 용기, 정치 모던화, 더 대담한 발상의 진보주의 등의 구호가 가세한다. 고리타분한 상투어들과 옛날에나 써먹던 안전 강화 조치들을 다시 반길 것을 촉구한다. "공화파 여러

분, 이젠 무서워 마십시오! Républicains, n'ayons pas peur!" 안전 강화 정책 지지자들은—이들 가운데 미테랑 정부 때의 전직 장관 두 명과 한 명의 고문이 있으며《누벨 옵세르바퇴르》사설 주간 및《에스프리》편집장 두 명이 포함되어 있으니 하는 말이다—대담하게도 이 새로운 억압 정책이 좌파 정책이기도 함을 드러내며 1998년 9월《르몽드》에 아무 거리낌 없이 소위 이 '새로운 사상'을 공식 표명하기에 이르렀다. 민중의 이름으로, (우리 모두에 의해 공인된) 민중의 이익을 위하여 법과 질서를 회복하자는 것이다. 하여 이제는 '반동주의와 공화주의'(여기서 반동주의는 교란 세력의 행동주의를 뜻하는 부정적 의미가 아니라 문제가 있으면 반응하고 바꿔야 한다는 의미에서-옮긴이)에 끼여 싸울 수밖에 없는 절박한 상황을 잘 타개해 반드시 승리하자는 것이다.[2]

'빈곤 처벌'이라는 새로운 일반 상식—뒤에 가서 보겠지만 이 우회책을 통해 불안정 고용이 일반화된다—이 어떻게 해서 만들어졌는지 보기 위해서는 우선 기관, 요원, 담론 들로 이어지는 긴 연쇄 고리들을 그물코 하나하나 살리면서 살펴볼 필요가 있다. 즉 어떤 기관 및 제도가 있는지, 무슨 일을 했는지, 주창자가 누구인지, 담화 및 논증 자료(자문위원 주석, 각종 위원회 문건, 공무 기록, 의회 문건, 전문가 심포지엄 자료, 전문 학술서 및 일반 대중서, 신문 및 잡지 기사, 텔레비전 보도물 등) 등이 무엇을 어떻게 말하고 있는지 등을 밝혀야 한다. 개인주의와 상업주의를 바닥에 깐 경제 사회 이데올로기—보통 '정의'의 유사어로 둔갑한다—를 본떠 다소 변형된(그래서 얼른 못 알아보지만) 이 미국산 '상품'은 곧장 전 세계로 퍼져 나갔다. 여기서는 사태의 흐름을 파악할 수 있도록 가장 눈에 확연한 몇몇 지표들만 제시할 것이다. 그래도 이 이데올로기 마케팅의 전모와 그 영향력을 가늠하기에는 충분할 것이다. 그리고 나로서는 어쩔 수 없이 미국과 서유럽 간의 관계만 주로 다룰 것이다. 사실 경제 차원만 아니라 형벌 및 사법 차원에서도 워싱턴의 영향을 가장 강하게 느낄 수 있는 곳은 라틴아메리카다. 한때 이곳 몇몇 나라가 미국 지배권에서 벗어나기 위해 옛 소비에트 제국과 긴밀한 관계를 가졌던 점을 생각하면 역사적 아이러니이기도 하지만.[3]

맨해튼,
신新형벌주의
생산 공장

이 수출품은 워싱턴과 뉴욕에서 출발하여 대서양을 횡단, 런던에 잘 도착한 다음, 전 대륙의 배급망을 통해 유포되었다. 그 출발처는 20여 년 전부터 '범죄 엄벌주의' 홍보 업무를 공식적으로 맡은 미합중국 국가기관이다. 범죄율이 정체, 감소하던 기간에 이 '서비스'로 모순적이게도 형무소 수감자 수는 이례적으로 4배나 증가했다.[4] 이 기관들이란 미국연방사법부(범죄 및 형무소 실태에 대한 내부 조작 정보를 정기적으로 내놓는다), 국무부(이 외교 담당 기관의 산하 기관인 각국 대사관은 특히 마약 사범에 대한 초강경 정책의 홍보사절이다. 이 정책을 지지하는 국가들에서 미국 대사관 사람들은 국빈 대접을 받는다), 경찰 및 형무 관련 행정기관들, 그와 연계된 준準공공기관 및 직업 단체들(경찰우애조합, 미국교정연합, 미국교도소연합, 교도관조합 등), 피의자 변호단체, 언론 미디어, 형무 산업의 붐을 타고 세워진 사설 교도 회사(민영 교도소, 교도소 보건 및 설비 업체,

교도 관리단, 신분 조회 및 감시 전문 업체, 보험, 중개업) 등이다.[5]

그런데 포드-케인스 식의 사회계약론 폐기 통고 이후 다른 많은 분야에서처럼 이 분야에서도 민영 업체들이 손수 나서 이 공공정책을 이론화하고 실용화하는 역할을 했다. 네오콘(Neo-con: 미 공화당을 중심으로 한 신보수주의자들) 싱크탱크들 역시나 사회보장 영역에서의 국가의 '후퇴'와 형벌 영역에서의 국가의 '진군' 사이에는 이념적이면서도 실천적인 유기 관계가 있음을 설파하면서, 형벌주의에 관한 이 새로운 억견을 법제화하고 국제화하는 데 빛나는 역할을 했다. 실제로 미국과 영국 등 두 대서양 연안 국가 자문 기관들은 1975~1986년 당시의 경제적·사회적 전장에서 케인스주의(민간 부문과 공공 부문이 함께 역할을 하는 혼합 경제를 지향한다. 국가의 간섭이 필요 없다고 보는 자유주의 및 방임주의와는 상당한 차이가 있다-옮긴이)의 개념 및 정책을 살살 허물어뜨리는 이론적 작업을 함으로써[6] '실질적 자유주의'의 도래(레이건, 대처 정부 때)를 준비하고 있었다. 나중에 이 두 국가 자문 기관들은 10년의 시차를 두고(영국이 10년 늦게) 정치권 및 언론계 엘리트들을 개념적으로나 원칙적으로 또는 실천적으로 잘 양육해 형벌 장치를 정당화하고 강화하는 일에 앞장서게 만들었다. 지난날 자본의 특권이나 노동력 착취에 반대하며 '작은 국가'를 열렬히 지지해 권좌를 잡은 자들이 이번에는 노동시장 규제 완화와 사회보장 축소로 인한 사회적 결과물을 그대로 용인하거나 은폐하기 위해 지난날과 똑같은 혈기로 이번에는 '큰 국가'를 내세웠던 것이다.

미국 쪽 자문기관으로는 미국기업연구소American Enterprise Institute,

카토연구소, 헤리티지재단 등이 유명하다. 그중에서도 특히 맨해튼연구소Manhattan Institute를 주목할 필요가 있다. 레이건 행정부에서 복지 비판의 1인자로 떠받들었던 찰스 머레이를 천거한 곳이 이 연구소고, 알렉시스 토크빌이 일찌감치 말했던 것처럼 "우리 대도시 최하층민"이 야기하는 "무질서"를 철저하게 진압해야 한다는 주장과 조치를 확산시킨 곳도 바로 이 연구소다. 맨해튼연구소는 1984년 앤서니 피셔(마거릿 대처의 상담관이었다)와 윌리엄 케이시(나중에 CIA 국장을 지냈다)가 시장경제 원칙을 사회 문제 전반에 확대할 목적으로 만들었다. 레이건 정부 때 복지국가 개념에 대항하는 십자군의 성서가 된 찰스 머레이의 『지반 상실Losing Ground』[7]도 이곳에서 출간했다. 이 책은 공화당 정부가 사회복지 정책의 축소를 정력적으로 추진하기 직전에—민주당이 다수였던 연방의회도 동의했지만—출간되었고, 정부 방침을 뒷받침해주는 상당량의 엉터리 '지적' 근거를 제공했다. 이 책에 따르면 저소득층을 위한 관대한 보조 정책 때문에 미국 전체가 빈곤해졌으며 이 관대함이 비경제활동을 보상해주는 바람에 하층민의 도덕적 타락이 초래되었고, 특히 현대 사회 모든 악의 궁극적 원인인 '도시 폭력'과 이 비합법적 결합이 양산되었다.

찰스 머레이는 거의 실업자 신세의 이름 없는 정치학자에 불과했다. 맨해튼연구소는 3만 달러를 지불하며 그에게 2년 동안 조용히 앉아 이 책 『지반 상실—미국의 사회 정책 1950~1980』을 쓰게 했다. 이어 언론계 및 정계 연합군을 등에 업고 이례적인 언론 플레이를 펼쳤다. 대외 홍보

전문가가 이 책을 위해 새로 채용되었을 정도다. 1천 권의 책이 특별히 엄선된 기자, 국회의원, 연구자 들에게 뿌려졌다. 머레이는 텔레비전 토크쇼, 대학 강연 등에도 입성했으며, 언론사 간부 및 주필과의 회동도 성사되었다. 이어 『지반 상실』 홍보를 위한 대규모 심포지엄이 개최되었다. 발표자 및 기자, 공공정책 전문가, 사회과학 연구자에게 1천 5백 달러에 이르는 '사례금'이 제공되었다. 뉴욕 한복판에 위치한 호화급 호텔의 숙박비까지.[8] 이 책은 비논리적인 전개와 실증적 오류로 가득 차 있지만 당시 인기 절정이었던 레이건 정부의 '작은 정부'(사회복지 부분에서는 더 작은 정부)라는 지배적 정치 흐름에 편승해 미국 사회복지 정책 분야의 고전이 되었다.[9] 하긴 부의 창출을 위해 영웅적으로 싸운 자본가들의 영광을 찬양한 조지 길더의 『부와 빈곤Wealth and Poverty』이 먼저 있었다. 물론 머레이의 책은 《이코노미스트》가 "부자에게 축복 있으라" 식의 축포를 쏘며 환영한 조지 길더의 책처럼 자본가들을 위한 찬가는 아니다. 길더는 일찌감치 미국 빈곤의 원천을 '이너시티(도심부)' 안에 집중된 빈민들의 가족 해체에서 찾았다. 가족 해체의 결과 일하고자 하는 욕망이 변질되고 가부장적 가족 제도가 와해되고 종교적 믿음이 부식되었다는 것이다. 미국의 부를 가져왔던 이 3대 동인이 말이다.[10]

찰스 머레이는 그의 두 번째 저서인 자유주의 옹호를 위한 '슈퍼마켓' (대형 슈퍼에서 파는 상업적 대중서라고 비꼼-옮긴이) 철학서 『행복과 착한 정부를 찾아서In Pursuit of Happiness and Good Government』에서 사회복지 국가를 세계 모든 악을 탄생시킨 장본인이자 근본적으로 해로운 힘으로 묘사하면서 제퍼슨 대통령 당시의 신화적인 미국으로 돌아가자고 촉구한다.[11] 《뉴욕 리뷰 오브 북스》 같은 고상한 학술 매체조차 정치적 수완이 대단한 이 저자의 영향력을 무시할 수 없었는지 기꺼이 서평을 실어주었다. 게다가 하버드 대학 심리학과 교수 리처드 헤른슈타인과 공저로 인종 및 계급 불평등은 '인지 능력'의 개인차를 반영한다는 황당한 내용의 『종형곡선: 미국인의 지능과 계급 구조The Bell Curve: Intelligence and Class Structure in American life』(이하 『종형곡선』)를 써서 언론에서 다시 한 번 화제가 됐다.

『종형곡선』에 따르면 모든 것은 지능지수에 따라 결정된다. 대학에 들어가서 성공할지 못할지뿐만 아니라, 실업자가 될지 백만장자가 될지, 신성한 결혼을 할지, 아니면 자유결합(일종의 동거라 할 "이 부적절한 결합이 우리 시대의 주요 사회 문제이며 이것은 지능과 아주 밀접한 연관이 있다"는 얼토당토않은 말도 서슴지 않는다)을 할지도 결정한다. 어머니가 자식을 제대로 키울지 망칠지도, 의무를 잘 지키는 아주 양심적인 시민이 될지 아닐지도("어떤 계층이건, 물론 최빈곤층에서도 머리가 좋은 아이들은 국가가 어떻게 기능하는지 아주 빨리 파악해 그 정보를 취하고 문제를 토론하고 답을 찾아내는 데도 적극적이다"). 누가 범죄를 저지를지, 누가 형무소의 죄수가 될지도 지능이 결정한다고 이 책은 주장한다. 인간은 사회 불평등이 가져온 결핍 때문이 아니라, 정신적·도덕적 태만 때문에 범죄자가 된다는 것이다("범죄자는 대부분 안 좋은 동네 출신이라고 믿는 사람들이 많다. 지능이 낮은 사람이 부적절한 방식으로 거주하는 곳이 바로 이런 동네라는 점을 생각하면 이들 생각은 타당하다"). 한마디로 말해 미국 사회를 해치는 모든 사회적 병리는 "기가 막히게도 지적 능력의 배급을 적게 받은 자들에게서 집중적으로 나타난다는" 것이다.

이어 "프랑스 혁명과 함께 등장한 평등이라는 도착적 이상"을 영구화하면서까지 국가가 사회악을 경감하기 위해 시도한 것이 오히려 독이 됐다면서 이런 일을 막으려면 국가가 사회 영역에 개입해 불평등을 시정하려는 일을 그만두어야 한다고 한다. 왜냐하면 "자코뱅주의건 레닌주의건 이 거친 자들이 내세우는 무조건적 평등주의는 비인도적일 뿐만 아니라 인간의 본성에도 반하기 때문이다."[12]

'자유시장·개인의 책임과 의무·가부장적 가치'라는 미국 신新자유주의 3대 덕목을 가공하기 위해 맨해튼연구소는 연간 5백만 달러가 넘는 비용을 들인다. 이 연구소는 1990년대 초 '생활의 질'을 주제로 한 심포지엄을 개최하고, 이어 기관지 《시티City》에 같은 주제의 특집을 실었다('도시 문명화'가 창간 이념인 이 야심찬 고급 잡지는 정치인, 고급 공무원, 기업계 인사 및 영향력 있는 기자들에게 1만 부가량 무료로 배포되었으며, 여타 공공기관의 주요 지침서가 되었다). 그 중심 내용은 도시 공공장소는 성역으로 확보해야 하며 도시 하층민이 사는 무질서 지대는—하층민은 그런 데 살아도 개의치 않는 것 같다고 한다—범죄의 온상지가 될 수 있다는 것이다. 심포지엄 참석자 가운데 토의 내용에 특히나 촉각을 곤두세운 자가 있었는데, 뉴욕의 인기 판사 루돌프 줄리아니였다. 얼마 전 치러진 시장 선거에서 흑인 민주당원 데이빗 딘킨스에게 고배를 마신 터였고, 하여 이 토론회에서 배운 개념을 잘 길어다가 자신의 공약으로 삼음으로써 1993년 시장 선거에서 승리하게 된다.[13] 바야흐로 새로운 경찰 및 형벌 정책 강령이 만들어짐으로써 뉴욕은 '톨레랑스 제로'의 국제 전시장이 되었다. 백인 주도 공권력이 어린 절도범을 폭력적으로 체포하고, 거지, 부랑아, 노숙자를 거리에서 몰아내고, 불우한 불법 체류자들을 강제 추방하는 일이 합법화되기에 이르렀다.

1982년 제임스 Q. 윌슨(미국 보수 범죄학의 대부)과 조지 켈링이《월간 애틀랜틱Atlantic monthly》에 쓴 논문을 통해 만들어낸 이른바 "깨진 유리창" 이론을 대중화한 것도 이 맨해튼연구소다. 소위 이 이론은 "바늘 도둑이 소 도둑 된다"는 속담의 우려먹기로 일상생활의 소소한 무질서부터 바로잡아야 큰 범죄를 막을 수 있다는 가르침이다. 제임스 윌슨이 만든 '시민 주도 센터Center for Civic Initiative'의 당면 목표는 "도시 문제 해결을 위해 자유시장론에 입각한 창의적 방안들"을 연구하고 발표하는 것이었다. 그의 제자 가운데 특히 리처드 슈바르츠가 핵심 역할을 했는데, 그는 줄리아니 시 정부 복지 프로그램의 설계자이자 '미국의 기회Opportunity of America'라는 고용보험 회사의 회장이다. 이 센터는 또한 조지 켈링과 캐서린 콜스가 쓴 저서『깨진 유리창 수리, 어떻게 안녕 질서를 복구하고, 우리의 도심 범죄를 줄일까?』의 출판을 지원하기도 했다.[14]

뉴욕지하철안전본부 총책이자 이제 막 뉴욕 시 경찰국장으로 부임한 윌리엄 브래튼(2002년부터는 '천사의 도시' LA 경찰국장으로 재임하다가 최근 2009년 10월 31일을 기해 사임했다. 그 뒤 뉴욕으로 돌아가 알터그리티라는 보안 회사에 합류할 예정으로 알려져 있다-옮긴이)은 실험적으로 전혀 입증

된 바 없는 이 이론을 치안 업무 개편안에 적극 활용했다. 그 주요 안은 다음과 같다. 공공장소(거리, 공원, 역, 버스, 지하철)에 어슬렁거리는 빈민 건달들의 상시적 희롱에 중산층 및 상류층—투표율이 높은 계층—이 느끼는 공포감을 경감시킨다. 이를 위한 3대 방안. 1)경찰 중대 및 치안 인력을 10배 증강한다. 2)책임감 있는 작전 수행을 위해 업무 결과를 통계화해 수시로 보고한다. 3)정보 체계를 강화한다. 순찰 차량 내에 컴퓨터 구비, 개인 신상 기록 카드 및 지리 정보 입력. 이와 같은 첨단화를 통해 경찰력을 지속적으로 배치하고 투입할 수 있는 체계를 만듦으로써 만취, 난동, 구걸, 풍기문란, 단순 위협, "집 없는 부랑아들이 보이는 반사회적 행동"(켈링의 표현에 따르면) 등과 같은 미미한 소란에도 경찰력의 즉각 투입으로 단호하게 법을 집행한다.

"뉴욕에서 우리는 적들이 어디 있는지 다 안다." '형벌로 빈민 다스리기' 캠페인을 전개하는 또 하나의 신보수주의 거물 싱크탱크인 헤리티지재단이 주최한 심포지엄에서 브래튼이 한 말이다. 브래튼이 지적한 적은 이런 자들이다. 빨간 신호등에 대기 중인 자동차에 다가가 창문 한 번 닦아주고 동전을 요구하는 일명 '스퀴지맨'(squeegee men: 새 시장 루돌프 줄리아니는 이 스퀴지맨이 도시의 사회적·도덕적 타락의 상징이라 했고, 대중 언론도 이들을 대놓고 기생충에 비유했다), 마약 거래자, 창녀, 거지, 부랑아, 낙서족. 간단히 말해 더럽고 위협감을 주는 무산 계급의 하층민.[15] 공공질서를 잘 지키는 뉴욕 시민의 "삶의 질"을 높이기 위해 톨레랑스 제로 정책의 과녁이 된 자들이다.

마약 거래, 난동, 위협, 방뇨, 만취, 배회 등 길거리에서 일상적으로 벌어지는 크고 작은 모든 소란 행위를 철저히 단속하기 위해 뉴욕 경찰은, 각 관할 구역에 들어온 고소 고발 사건 등에 관한 상세한 정보 및 변동 사항을 수시로 현장에 속보로 알리는 시스템 및 현장 위치 탐지를 위한 지리 정보 등을 각 경찰서와 순찰차에 알리는 기능을 하는 콤스타트(COMPSTAT: computer statistics) 정보 시스템을 가동했다. 그리고 매주 각 구역 경찰 간부는 뉴욕 경찰중앙사령부에 모여 자기 관할 지역의 범죄 건수를 보고하는 집단 채점식을 치렀고, 기대치를 달성하지 못한 곳은 톡톡히 창피를 줬다.

브래튼은 과거에 썼던, 그 지역에 연고가 있어 주민을 잘 아는 경찰이 가서 문제를 해결하는 '지역 경비community policing' 방식이나 문제 해결 중심형 경찰 활동과는 정반대인 불관용형 경찰 활동 방식을 택했다.[16] 개별 범죄자보다는 집단을 소탕하고 각종 특수 무기 및 장치들을 개발하고 재빠르게 정보를 전달하는 컴퓨터 시스템을 도입했다. 그런데 그의 진짜 혁신은 다른 데 있다. 경찰의 전통 유산인 둔한 보신주의 관료 체계를 혁신한 것이다. 그는 당시 최신 경영 이론이던 '리엔지니어링'(마이클 해머, 제임스 챔피가 주로 말하던)과 피터 드러커의 '목표관리론'을 적용했다. 우선 경찰 조직의 군살을 빼기 위해 서장의 4분의 3을 퇴직시켰다. 또한 서장 평균 나이를 60대에서 40대로 낮췄다. 그는 경찰을 "이윤 센터"로 변모시켰다. 여기서 이윤이란 범죄 등록 건수를 감소시킴으로써 발생한다. 이 단 하나의 기준으로 모든 치안 업무 성적표를 만들었다. 요컨대 경찰 팀을 주주의 평가를 받는 기업가처럼 지휘했다. 매일 범죄 건수를 신심을 다해 챙기는 이 새 뉴욕 경찰본부 회장님은 "나는 우리 스태프가 '포춘 500' 리스트에 오른 그 어느 기업 직원한 테도 뒤지지 않는다고 자부합니다" 하고 자랑스럽게 말하더니 또 이런 농담도 던졌다. "매일 회계 검토하지 않는 은행장이 어디 있겠습니까?"[17]

브래튼의 두 번째 패는 대폭 늘어난 뉴욕 시의 치안 유지 예산이었다. 5년 동안 뉴욕 시는 치안 예산만 40퍼센트를 인상해 26억 달러에 달했다(이는 시립병원 예산의 4배 이상이다). 이 돈으로 1만 2천 명의 경찰을 신규 채용, 1999년 뉴욕 경찰 전체 인원이 4만 6천 명에 달했다. 그 가운데 정복 요원이 3만 8천 6백 명. 비교하자면 같은 시기 뉴욕 시 사회복지 분야 예산은 3분의 1이 삭감되어, 관련 부서 공무원 8천 명이 일자리를 잃고 전체 인원은 1만 3천 4백 명에 불과했다.[18]

브래튼은 보스턴 경찰본부장 시절에는 지역 경비(영국 자치경찰제의 미국식 파생물) 방식으로 실적을 올린 경력이 있지만 뉴욕에선 톨레랑스 제로 방식으로 돌아섰다. 그런데 뉴욕과 지역 경비 체제인 다른 대도시, 가령 샌디에이고를 비교해보면, 브래튼이 대단히 성공했다고 볼 수도 없다.[19] 1993~1996년 샌디에이고에선 뉴욕 시에 버금가게 범죄 수가 감소했으나 경찰 인원은 단지 6퍼센트 정도 늘어났다. 경찰 공권력에 의한 체포자 수가 샌디에이고에서 3년 동안 15퍼센트 감소한 데 비해 뉴욕에서는 24퍼센트 증가해 1996년 체포된 인원만 31만 4천 292명 이라는 터무니없는 숫자를 기록했다(경범죄로 심문당한 인원만 두 배가 늘어 5만 4천 명을 넘어섰다). 경찰을 탄원하는 고발 건수가 태평양 연안 도시에서는 10퍼센트 하락한 반면, 줄리아니 시장이 진두지휘하는 도시에서는 60퍼센트나 상승했다.

뉴욕 시 당국만 아니라 미국 언론 및 해외 언론(《인터내셔널 헤럴드 트리뷴》을 열독하고 이 신문을 미국 도시에 대한 주요 정보원으로 삼는 파리, 런던, 스톡홀름의 연구자들이 많았다)이 뉴욕의 범죄 감소를 보도함으로써 이 새 정책은 더욱 날개를 달았다. 그러나 새 치안 정책이 도입되기 3년 전부터 이미 범죄 발생 건수는 감소하기 시작했고, 이 정책을 채택하지 않은 보스턴, 시카고, 샌디에이고 등 다른 대도시에서도 이런 현상은 관측되었다.[20] 1998년 맨해튼연구소의 런천 포럼에 초청된 인사는 대부분 정치계, 언론계, 자선재단, 동부 연안 연구재단 등의 고위급 인사였고, 강연자 중에는 국제 정책 자문관으로 변신한 브래튼의 이름도 있었다. 자서전 비슷한 책을 쓰는(줄리아니보다 튀었다는 이유로 해임당한 원한 때문에라도) 등 브래튼은 뉴욕에서 "범죄의 만연을 막은 영예"를 우려먹어 돈벌이에 나섰다. 지구 각지를 돌아다니며 톨레랑스 제로 가스펠을 불렀다.[21] 이제 유럽 정복전을 앞두고 전지훈련을 위한 기후 적응 장소로 영국이 낙점되었다.

'톨레랑스 제로'의
세계화

보이는 것만으로도 방해가 되고, 공공장소에서 소란은 물론, 사건 사고를 일으킴으로써 항상 뭔가 불안하고, 불편하고, 불쾌하고, 짜증 나게 만드는 빈민에 대한 치안 및 형벌 업무 법제화의 구실이 된 톨레랑스 제로 독트린은, 뉴욕에서 출발, 전 지구에 번개 같은 속도로 퍼졌다. 이 독트린과 더불어 "범죄와의 전쟁" "공공장소 재정복" 같은 군사적 수사법이 등장했다. 범죄자(실제이거나 상상이거나), 노숙자, 거지 및 여타 소외층 하면 당장 '외국인'(약자가 아니라 침략자로서)을 떠올리게 만들었으니, 선거 때마다 항상 이민자 문제가 도마 위에 올랐다.

다른 나라 정치인들은 뉴욕의 성공(주요 범죄 도시로 알려진 뉴욕이 갑자기 미국 "최안전 도시"의 선두로 떠올랐다. 그러나 뉴욕은 통계적으로 한 번도 전자인 적도 후자인 적도 없었다)[22]이라는 찬란한 후광을 입혀 톨레랑스 제로 노래를 부르면서도 이 정책의 모순적인 부분을 슬쩍 가릴 양 적당히 현대적인 옷을 입혔다. 국가가 비용을 들여서라도 질서를 바로잡겠다고 하면 유권자에게 어필할 수 있을 뿐만 아니라 불안의 사회적·경제적 원인을 추궁하는 과정에서 국가는 책임을 벗어날 수 있었다. 그 책임은 이제 사회보장이나 경제 정책의 영역에서 철수한 국가가 아니라 그런 "반사회적 행위가 횡행하는" 지대에 사는 사람들에게 돌아가는 것이다. 하여 앞으로는 자기 책임 하에 자기가 사는 사회를 자신의 손으로 관리하는 것이 당연하다는 논리가 성립된다. 스코틀랜드 내무부 장관(신노동당) 헨리 맥레쉬의 유명한 선언("톨레랑스 제로가 우리 거리를 다 청소해줄 것이다")도 그래서 나왔다. 맥레쉬는 "스코틀랜드 국민 여러분, 이제는 고개를 들고 당당히 다니시기 바랍니다. 우리는 지금 전쟁 중에 있습니다. 치열한 전투를 치러야 합니다. 일반 시민 여러분이 나서서 거리를 사수해야 합니다. 우리는 공공 서비스 부문에 대해, 우리 사회 2군 지대 사람의 행태에 대해 지금까지 너무나 잘 참아주었습니다. 몰상식한 기물 파손, 낙서, 쓰레기가 우리 도시의 미관을 해치고 있습니다. 자, 메시지는 간단합니다. 이제 이런 식의 행태는 더 이상 용납될 수 없습니다. 우리는 청결한 우리 집을 가질 권리가 있습니다. 단정하고 깨끗한 우리 사회에 살 권리가 있습니다. 하지만 너무도 많은 자들이 책임을 다하지 않고 있군요."[23]

다른 대륙에서도 속속 줄리아니 추종자가 나타났다. 1998년 8월 멕시코 대통령은 "뉴욕 시의 톨레랑스 제로 같은 프로그램을 모방한, 우리나라 역사상 가장 야심찬" 포격전이 될 "범죄와의 국가적 성전"을 선포했다. 1998년 9월, 이번에는 부에노스아이레스의 안전법무장관

레온 아르슬라니안이 나서서 줄리아니가 잘 다듬어놓은 이 독트린을
아르헨티나의 수도 역시 채택하겠다고 밝혔다. 여세를 몰아 도시 외
곽 지대에 유기된 공장 창고들을 개조해 구치소를 확충할 것이라고도
했다. 1999년 1월 브라질리아의 새 주지사가 된 호아킴 로리즈는 뉴
욕 경찰국의 두 최고 고위 간부를 접견한 후, 브라질의 이 수도가 정기
적으로 치러야 하는 테러 유혈 사태를 해결하기 위해 8백 명의 군인
및 시민경찰대를 급히 채용했으므로 톨레랑스 제로 정책을 충분히 채
택할 수 있다고 말했다. 현재 교도 수감 인구가 이미 폭발 지경인데,
이 정책으로 인해 더 심각한 문제를 초래할 수 있다는 비판에 대해 주
지사는 그거야 감옥을 새로 지으면 되지 않느냐고 일축했다.

　한편 대서양 건너편 프랑스에서는? 1998년 12월 초 사회당 리오넬
조스팽 정부는 몇 달 전부터 적당한 시기만 엿보고 있었다. 마침 미국
도시 폭력 문제 전문가인 소피 보디-장드로가 포문을 열었다. 프랑
스-앵테르 라디오 프로그램인 〈전화벨이 울려요〉에 출연한 보디-장
드로는 "톨레랑스 나라"로 유명한 프랑스인지라 감히 아무도 꺼내지
못한 "톨레랑스 제로"라는 말을 드디어 꺼냈다. 또 다음 달 라인 강 너
머 독일에서는 기민당이 프랑크푸르트와 그 주변 지역에서 '눌 톨레
란츠(Null Toleranz: 톨레랑스 제로)'를 외치며 대대적인 캠페인을 벌였
다. 기민당은 이 무렵 이중국적에 반대하는 서명운동을 가열차게 전
개하며 지지율의 반등을 노리고 있었다. 한편 사민당의 슈뢰더 총리
는 부동층을 흡수하기 위해 치안 문제를 이민과 연관 지어 외국인을
적대하는 발언을 내놓고 있었다.[24] 지난가을 독일에서도 윌리엄 브래

튼의 성공적인 순회공연 후, 뉴욕 독트린은 딱 한 번만 사용하면 사회의 모든 병을 고칠 수 있는 만병통치약처럼 선전되었다. 여기서 사회의 병이란 범죄, '사회적 기생', 그리고 외국 거류민들(주로 터키인)의 독일 국적 요구까지 의미했다. 기가 차게도 이민자가 '불법 체류 범죄자'와 이내 동일시된 것이다.

이탈리아에서는 줄리아니 상표가 붙은 '모다 레프레시베moda repressive'가 1997년부터 맹위를 떨치기 시작했다. 영국의 토니 블레어 총리와 잭 스트로 내무장관이 유럽 구미에 잘 맞게 독창적으로, 부드럽게 재가공한 덕분에 좌파 의원들까지 나서서 이 거리 빈민 문제 해결을 위한 치안 정책에 환호했다. 1999년 초 밀라노 도심 한복판에서 살인 사건이 꼬리를 물자 언론은 이민자 범죄 문제를 환기하며 공포감을 조성했다. 롬바르디아 주 밀라노 시장과 부시장은 만사 제쳐놓고 뉴욕으로 날아갔다. 그러는 사이 마시모 달레마 정부는 최근 영국에서 제정된 법률안에서 영감을 받은 일련의 강경 진압책을 표결했다(범법자에 대한 엄중 처벌, 경찰 권력 강화, 수감자의 권리 및 재활 정책에 호의적 입장을 보여온 교도행정관장 경질). 나폴리 시장 안토니오 바솔리니는 경범죄 위반자뿐 아니라 미숙 혹은 불량 운전자들한테까지 적용하는 막가파식 '톨레란차 제로Tolleranza zero'를 도입했다. 1998년 겨울부터는 뉴욕에서처럼 만취 상태의 운전자는 검문에 걸리는 즉시 즉각적이고 자동적으로 차량을 압수당했다.

1999년 2월 남아프리카의 케이프타운 시는 반정부 과격 이슬람 단체의 소행으로 보이는 일체의 테러 행위 진압을 위한 광범위한 톨레랑스 제로 정책을 실시했다(1996년 8월 윌리엄 브래튼은 남아프리카 경찰청장 조지 피바즈와의 협의를 위해 요하네스버그를 방문했다. 미국과 남아공 언론은 이를 대대적으로 보도했지만 양측의 관계는 더 이상 발전하지 못했다). 남아프리카 복사본은 뉴욕 원본을 무색하게 할 지경이었다. 구역 경계마다 바리케이드를 치고 경찰이 검문했고, 케이프 플레츠 같은 빈민가에는 이까지 철무장한 특공대원들이 진을 치고 있었다. 관광객이 많은 도시 쇼핑가 워터 프런트 일대마다 순찰대원이 활보하고 다녔다. 3월, 지구 저 다른 끝에서는 뉴질랜드 경찰청장이 뉴욕 공식 출장을 다녀온 후 시민들에게 자랑스럽게 말했다. 모든 것을 다 고려해봐도, 자기네들 경찰이 빅애플(뉴욕 시의 별칭)의 경찰을 부러워할 게 전혀 없다고. 왜냐하면 뉴질랜드는 일단 경찰이 전혀 부패하지 않았고, "원래부터 이미 톨레랑스 제로를 시행"하고 있으니까. 이리하여 그가 가져온 미국 수입품, 즉 "책임 분산", 각 분대장에게 부여할 달성 목표 고시, 강력범죄 발생 지대 경찰력 증강 등의 조처에 대해 주요 정치계 리더들의 동의를 바로 얻어낼 수 있었다.

그 무렵 영국 톨레랑스 제로의 개척자인 클리블랜드 경찰청장은 오스트리아 경찰국립학교 단상에서 이 미국 수입품을 들여온 영국의 잭스트로 내무장관을 치하하고 있었다. 그 다음 주에는 또 호주 캔버라에서 호주범죄학연구소의 후원 아래 전국 심포지엄이 열렸다. 1999년 6월 윌리엄 브래튼은 온타리오 주 범죄위원회에 직접 훈계하기 위해 개인적으로 캐나다 온타리오를 찾기도 했다. 그러자 이번에는 토론토 시장 멜 라츠먼이 나섰다. 캐나다 메트로폴리탄도 미국 메트로폴리탄의 궤적을 그대로 따라갈 것이라며 비록 20년이 늦었지만 "지금까지 이 도시가 보지 못한 최대 규모의 단속" 정책을 시행할 것이라고 밝혔다. 어찌 되었건 문제는 뉴욕 경찰청 출신의 이 "국제 범죄 컨설트"단이 전 세계 곳곳을 누비며 가르치고, 미국 전역에서 또는 해외에서 맨해튼으로 몰려와 경찰관 연수 세미나를 받고 가는 한 효과적인 대도시 치안 정책에 관해서는 세계 어디서나 항상 같은 원칙이 적용되었다는 것이다. 이외에도 브래튼-줄리아니 수법을 받아들이려고 검토하는 나라의 예는 얼마든지 들 수 있다.

톨레랑스 제로 개념은 본래 치안 및 형벌 분야에서 쓰였지만 차례차례, 뒤죽박죽, 여기나 저기나 전용되었다. 도시 폭력을 막기 위한 가정 내에서의 부모의 지도편달, 학교에 무기를 소지하고 등교하는 학생의 자동 퇴학, 경기장 외에서 폭력을 행사하는 스포츠 선수의 퇴출, 교도소 내 마약 거래의 살벌한 통제, 여기다 인종 차별적 편견에 대해서는 한 치도 봐주지 않기, 비행기 승객의 무례한 행동 제재, 자동차 뒷좌석 아동 안전벨트 착용 위반 철저 단속, 상업 지구 가도 이중주차 금지, 공원 및 위락 시설 오물 투기 금지, 기타 등등.

역설적인 것은, 경찰의 이러한 들들 볶기 작전이 1999년 1월 뉴욕에서 아마두 디알로 사망 사건이 터져 심각한 논란을 빚던 시각에도 지구촌 이곳저곳에 버젓이 파급되고 있었다는 것이다. 아마두 디알로(기니 출신 이민자 청년, 22세)는 혼자 조용히 자기 집 앞에 서 있다가, 절도범 용의자 수색에 나선 4명의 '거리범죄소탕대원' 소속 경찰대원에게 41발의 총알 세례를 받고(그 가운데 19발이 맞았다) 사망했다. 바로 전해에 터진 아브너 루이마 사건—맨해튼 경찰서 내에서 아이티 출신의 이 이민자 청년이 경찰에게 성고문을 당했다—에 이어 벌어진 경찰에 의한 이 치사 사건은 그간 미국에서 수년 동안 볼 수 없었던 대대적인 시민 불복종 시위의 도화선이 되었다. 두 달 동안 매일같이 시 경찰본부 건물 앞에서 시위가 벌어졌다. 1천 2백 명이 넘는 평화 시위대—이 가운데는 아프리카 출신 미국인 지역구, 전국구 의원 1백여 명과 특히 '유색인종 지위 향상을 위한 전국의회' 회장인 전 뉴욕 시장 데이빗 딘킨스도 있었으며 퇴직한 흑인 전직 경찰관 등 다수가 참여했다—는 '공공질서 교란죄'로 수갑까지 채워져 체포, 구금되었다.

이와 같은 일련의 사건이 있은 후, 톨레랑스 제로 전략의 첨병이었던 강력계 경찰 380명(거의 대부분 백인)의 폭력 검거 행태가 여러 차례 조사 대상이 되었다. 수사를 담당했던 검사는 이들 경찰관이 레이셜 프로파일링(Racial profiling: 경찰 연행 및 심문 조사 때 흑인 및 유색인종에 가해지는 차별적 관행 - 옮긴이) 검거를 했거나 피의자의 법적 권리를 위반했다는 혐의로 두 건의 사법 명령을 내렸다.[25] 전국도시연맹National Urban League에 따르면, 톨레랑스 제로 부대가 민간 복장으로 복면 패트롤카를 타고 수사를 벌여 2년 동안 길거리에서 복장, 걸음, 태도, 특히 얼굴색만 보고 검거, 체포한 자만 4만 5천 명이었다. 그런데 이 가운데 3만 7천 건이 관련 없다고 판명되었고, 남은 8천 명 중 절반이 법원에 의해 기소 무효 처리되었으며, 남은 4천 명만이 체포 혐의가 입증되었다. 11명 중 한 명꼴인 셈이다. 일간지《뉴욕 데일리 뉴스》의 조사에 따르면, 흑인 및 라틴계 청년 80퍼센트가량이 적어도 한 번은 경찰에게 체포 혹은 수색을 당한 경험이 있다.[26]

경찰과의 이런 불미스러운 사건들은 '삶의 질' 정책 시행 이후부터 증가했다. 뉴욕 시민 불만 게시판에 접수된 탄원 건수가 1992년과 1994년 사이에 갑자기 급증한 것만 보아도 그렇다. 이 탄원의 대다수는 형사 공무집행이 아닌, 관례 순찰 때 일어난 사건과 관련한 것이다. 그 피해자는 주로 흑인 및 라틴계이다. 아프리카계 미국인은 전체 시 인구의 20퍼센트밖에 안 되는데, 탄원서의 4분의 3은 이 흑인들이 낸 것이다. 경찰의 과잉 폭력에 항의하는 고발 건의 80퍼센트가 전체 76개 구 가운데 21개 구에서 나왔는데 이 구는 뉴욕에서 가장 가난한 구역이다.[27]

디알로 사망 사건으로 강력계 경찰이 살인 혐의로 기소되자, 주요 경찰 조직조차 이 사건의 원인을 제공한 삶의 질 작전과 일정 거리를 유지하려고 했다. 순찰자원봉사협회Patrolmen's Benevolent Association 는 이 단체가 생긴 지 105년 만에 처음으로 경찰국장 하워드 사피르 불신임안을 만장일치로 결의했으며, 그의 경질을 공개적으로 요구했다. 또한 이 단체 위원장은 2만 7천 노조원에게 준법 투쟁을 권고하고 나섰다. 시 경찰 당국이 발부한 행동 지침에 따르면 전에는 횡단보도 이외 도로를 무단횡단하거나, 목줄 없이 개를 풀어놓거나, 벨을 울리지 않고 자전거를 질주하는 등 대수롭지 않은 동기로라도 시민을 체포할 수 있었으나 지금은 이런 수행을 최대한 자제할 것을 요구했다. 그리

고 "이제 범죄가 줄어들었으니, 치안 전략도 조정이 필요하다. 우리가
다시 균형감을 찾지 않는다면, 이 정책은 경찰국가 및 독재국가를 위
한 치안 모델이 될 것"[28]이라며 우려를 표하기도 했다.

싱크탱크의 소위 이론가나 학계·정계에 포진한 그 제자들이 만든
톨레랑스 제로 정책이 빚은 최대 결과물 가운데 하나는 아프리카계 미
국인 사회와 경찰 사이에 뿌리 깊은 경계심(젊은 흑인층에게는 거의 증오
심)을 심어놓았다는 것이다. 이는 인종 분리 정책이 행해졌던 시대의
그것을 방불케 한다.

최근 조사에 따르면, 뉴욕 시 흑인 대다수는 경찰이 자신에게는 위
험을 상징하는 적대적·폭력적 힘으로 여겨진다고 말한다. 이들 가운
데 72퍼센트는 경찰이 공권력을 남용한다고 보며, 66퍼센트는 경찰
이 유색인종에게 보이는 공격성은 일반적이고, 습관적이라고 본다(전
자에 대해서는 백인 가운데 33퍼센트가, 후자에 대해서는 24퍼센트가 그렇게 생
각한다). 흑인이 많이 사는 동네의 범죄율은 분명 줄었지만 그곳 흑인
주민의 3분의 2는 줄리아니의 정책이 경찰의 공격성을 더욱 강화했다
고 본다. 3분의 1만이 이제는 안전한 도시에서 사는 것 같다고 대답했
다. 반면 뉴욕 백인은 58퍼센트가 범죄 엄벌주의를 실시한 줄리아니
시장을 칭찬했고, 87퍼센트는 이제 덜 위협받고 사는 것 같다고 대답
했다.[29] 그렇다면 톨레랑스 제로 정책은 완전히 상반된 두 얼굴을 보여
주는 셈이다. 대상은 흑인이고, 그 수혜자는 백인이다. 형벌국가 강화
는 그 간접 효과를 보나 실제 기능을 보나 카스트의 장벽을 재복구하
거나 강화하고 있다고밖에 볼 수 없다.

　뉴욕 경찰이 벌인 삶의 질 정책의 또 다른 결과는 전례 없는 법정의 병목 현상이다(이 정책 지지자들은 거의 다루지 않는 문제다). 1992년부터 범죄 수가 지속적으로 줄어든 반면, 체포 및 형을 받은 사람의 수는 계속 증가했다. 1998년 단순 위반죄(징역 1년 이하의 경범죄 포함)를 다루는 뉴욕 재판소 77인의 판사가 처리한 건만 27만 5천 379건으로, 한 판사 당 3천 5백 건을 맡은 셈이며, 1993년과 대비해 2배 증가(1993년과 거의 같은 예산으로)했다. 재판까지 가기를 원하는 피고인의 경우 평균 대기 기간이 284일(1991년 208일)로 늘었다. 상점 단순 절도, 부도수표 발행 같은 흔하디흔한 사건만 해도 이 정도 일수를 기다려야 했다. 공판 때는 판사가 하루에 1천 건을 다뤄도 어느 것 하나 해결 못 짓기가 쉽다. 조사도 번번이 연기되었다. 재판 날짜를 확정할 여력이 있는 판사가 많지도 않을뿐더러 관선 변호사들도 시간 내기가 하늘의 별 따기였다(관선변호사 1인당 거의 평균 1백 건 이상의 재판을 끌어안고 있다). 결국 피고인이 지쳐 다 포기하고 재판을 안 받고 혐의 사실을 인정하는 대신 형 감량을 요구하는 일도 벌어진다. 반대로 재판이 시간이 걸리고 종종 연기되는 것을 이용해 혐의를 벗으려고 애쓰는 경우도 있다. 뉴욕 재판소 재판 건수는 1993년 967건에서 1998년 758건으로 줄어들었으나(364개 고소 건당 재판 1건), 법에 저촉되는 기간 만기를 이유로 고소 취하된 것만 1993년 6천 7백 건에서 1998년 1만 2천 건으로 두 배가 늘어났다. 수천 명의 범법자가 매해 판사가 부족해 형벌을 피해가는 상황이고 보니, 루돌프 줄리아니의 담당 대변인마저 "범죄를 줄이기 위해 실시한 치안책의 효력은 잠정적으로는 상실했다"[30]고까지 말한 바 있다.

　유치장이나 구치소도 대만원이긴 마찬가지다. 형사 시설 입소자 수는 1993년 10만 6천 9백 명에서 1997년 13만 3천 3백 명으로 늘어났다. 10년 전 이미 입소자 수가 8만 5천 명을 넘어섰는데, 이는 벌써 프랑스 전국 입소자 수보다 훨씬 많은 숫자다. 구속영장이 발부된 체포 건수가 부쩍 늘어 이런 대단한 수치를 기록했는데, 여기서 특기할 만한 사항은 이 건 대부분이 구속이나 재판 동기가 적법하지 않다고 판명 났다는 것이다. 1998년 34만 5천 130건의 체포 가운데—이 숫자는 전례가 없는 것으로, 같은 해 사법 당국에 의해 공식적으로 기록된 전체 범죄 건수 32만 6천 130건보다 많다—1만 8천 건이 체포자가 법정에 서기도 전에 검사에 의해 기각되었고, 다른 14만 건은 재판 때 소송 동기가 없다고 판결이 났다. 1993년 이후 오인 체포로 인한 재판 면제율이 60퍼센트나 증가했다. 윌리엄 브래튼 본인조차 구속 과잉을 비판했을 정도다.[31] 짐작하듯 법원이 기각한 사건 대부분은 빈민 구역의, 특히 마약 관련 범법 행위다(맨해튼 지구에서만 40퍼센트에 육박). 이것은 마약법 위반이 빈민 구역에 대한 경찰의 일제 검거(법적인 목적 이상으로 정치적 계산이나 언론 플레이 효과를 노린 것이 거의 분명하다)의 구실이 되었음을 시사한다. 톨레랑스 제로 정책의 타깃은 노동시장에서 밀려나고, 복지국가한테도 버림받은 빈민층이다. 이들 빈민층은 경찰이 그들을 들볶는 데는 어마어마한 예산을 마구 쓰면서 법원은 소송이 급증하는 바람에 예산이 없어 쩔쩔매는 이런 얼토당토않은 불균형 현상을 바라보면서 국가가 실천하겠다는 정의가 도대체 무엇인지 의아할 것이다.[32]

런던, 미국
신보수주의
이데올로기의 중계지

영국에서는 애덤 스미스 연구소Adam Smith Institute, 정책연구소Policy Studies, 경제문제연구소IEA: Institute of Economic Affairs 등이 경제, 사회 분야에 신자유주의 개념을 전파하는 일에 일제히 앞장섰다.[33] 또한 미국에서 완성된 형벌 이론을 존 메이저 정부 때 도입, 토니 블레어 정부 때 채택, 확대하는 데도 일조했다. 가령 1989년 말 IEA(맨해튼연구소처럼 프리드리히 폰 하이에크라는 지식인 유력가의 후원 아래 앤서니 피셔가 창설한)는 루퍼트 머독의 주도로 찰스 머레이의 '사유'를 둘러싼 각종 회의 및 출판을 진두지휘했다. 찰스 머레이는 1960년대 '가난과의 전쟁'을 치르느라 영국이 사회방임주의를 도입했지만 이제는 미국 도시의 미관을 해치는 자들의 사촌 격이라 할 영국의 이른바 소외 위험 계층인 '언더클래스Underclass'가 영국에 출현하는 것을—제거할 수는 없다 해도—막기 위해서라도 영국식 복지국가 정책을 서둘러 손봐야 한다고 읍소했다.

대부분 극찬 일색의 언론 기사들(《타임스》《인디펜던트》《파이낸셜 타임스》《가디언》 등)에 이어 공동 저술의 책 한 권이 나왔다. 이 책에서 찰스 머레이의 다음과 같은 문장을 읽을 수 있다. "성관계를 그저 즐기고, 그 가치를 높이느라 아기를 만드는, 그리 급하게 동거해 바로 임신부터 하는, 완전히 야만적인 이런 젊은이들한테 결혼이라는 문명의 힘을 강력 부여해야 할 필요가 있다."[34] 또한 머레이 사고법의 되새김질이라 할, 노동당 복지 담당관이자 훗날 토니 블레어 정부 사회복지부 장관이 되는 프랭크 필드가 쓴 한 장에서는 아이 낳는 미혼모를 줄이고 이런 부당 출산의 경제적 책임을 떠맡게 될 "부재 아빠들"을 줄이기 위한 형벌 조치를 강구할 것을 피력하고 있다.[35] "불량 빈자"들을 국가의 손(무서운 강철 손)으로 다시 잡아야 하고, 그 불량한 태도들은 공공 여론의 비난을 받아야 하고, 행정적·사법적 제재를 통해 교정해야 한다는 것이다. 이렇듯 가장 반동적인 미국 우파와 유럽의 소위 아방가르드라 불리는 신좌파 사이에는 이 점에 관한 한 별다른 이견이 없었다.

머레이가 1994년 언론의 대대적인 환영을 받으며(《타임스》는 그의 글을 정기적으로 실어주었다) 런던에 체류하는 동안, 언더클래스라는 개념이 정치권 언어는 물론 사회학 용어로—당시 정치권 및 언론계가 다루는 테마를 다뤄야 자신들의 유용성이 드러날 것이라고 계산한 관변 학술 단체들의 영향으로—당당히 진입했으니 대중을 설득하는 데는 아무런 고충이 없었다. 하여 그가 1989년에 내놓은 음산한 예측이 당장 현실화될 것처럼 떠들어댔다. '불법' '의존' '범법'이 영국의 신新빈민층 사이에서 일제히 증가하고, 이 신빈민층이 서구 문명을 고사시키게 될 것이다[36](머레이가 언론에 이런 경고를 한 며칠 후 존 메이저 정부 예산집행부 장관 케네시 클라크는 메이저 정부가 내놓은 사회보장 축소 정책은 사실상 "일할 기회조차 얻지 못한 채, 사회보조금에 의존하는 언더클래스들의 출현을 막기 위한" 것이라는 내용의 담화문을 발표함으로써 머레이의 경고에 화답이라도 하는 듯했다). 그러자 이번에는 그와 이념을 같이하는 뉴욕 대학 신보수주의 정치학자 로렌스 미드가 1995년 IEA 학술회의 참석차 영국에 와서 국가가 빈자들을 '물질적으로' 돕는 것을 자제하면, 오히려 일하고 싶은 의욕을 '정신적으로' 불러일으키는 효과가 있음을 피력했다. 바로 이것이 토니 블레어 정부 이후 주창된 '시민의 의무'라는 것이다. 미국에서는 1996년부터, 영국에서는 그 3년 후에 실시된 '웰페어Welfare'에서 '워크페어Workfare'로의 전환이 바로 이런 발상에서 나온 것이다. 국가 보조금에 의존적인 자들이 사회권 및 노동권에 저촉되는 상황인 경우, 강요임금제를 실시하겠다는 것이다.[37]

영국의 사회보장 정책에 큰 영향을 미친 바 있는 미국의 로렌스 미드는 1987년 『권리 너머, 시민의 사회적 의무Beyond Entitlement: The Social Obligations of Citizenship』를 출간했다. 그 주요 논점은 1970~1980년대 미국 복지국가 정책이 빈곤을 해소하는 데 실패한 것은, 보조정책 프로그램이 너무 관대해서(찰스 머레이가 주장하는 것이 이것이다)가 아니라, '자유방임'이어서다. 달리 말해, 그 수급자들에게 엄격한 의무 사항을 적용하지 않아서다. 왜냐하면 오늘날은 예전에 비해 "실업이 경제적 상황 때문이라기보다는 실업자의 개인적인 정신 상태 때문이다." 그 결과 "일자리를 줘도, 특히나 저임금의 열악한 업종은 일할 마음도 나지 않고, 노동의 동기 부여도 없다." 그러니 "군대 신병 모집의 일환인 병역의무"처럼 고용에도 의무가 부과되어야 한다는 것이다. 따라서 국가는 취업자들에게 당근을 주기―가령 1967년 이후 '자유낙하'한 최저임금 수준을 올리거나 사회보장제도를 개선하는 것―보다는 제대로 일하지 않는 자들에게 벌을 주고 채찍을 가해야 한다. "반反노동은 정치적 행동"으로, 이것은 곧 "당국이 개입할 필요가 있음"을 시사한다.[38]

물론 그렇다! 분명히 말하는데, 최저임금 수준은 시민의 의무를 지킬 수 있는 수준으로 올라가야 한다. 전문성 낮은 직업 노동시장에서도 고용인을 못 찾아 근근이 생계를 유지해야 하는 자들의 수를 정부가 당연히 낮춰줘야 한다. 그런데 결국 미드는 저임금 노동의 일반화가 불가피하다고 보며 그 당위를 설명하려고 한다. 저임금 노동시장은 유감인 측면이 있지만, 이데올로기적인 것도 아니고 순전히 물리적인 것으로 피할수 없다는 식이다. "시장의 필요"에 의해 불가피한 것이라고. 그러나 저임금 노동의 일반화는 정치적 속박을 위한 직접적 권력 행사에 근거하고 있음을 드러내는 것에 불과하다. 달리 말해, 새로운 계급화 정책의 일부에 불과하다. 과실 많은 자유 에덴동산 대신 범우주적인 시장이 들어서는 것은 국가의 파괴라 할진대, 이 프로젝트는 국가의 파괴를 요하는것까지는 아니고, 다만 모성적 복지국가를 대신할 부성적 형벌국가를 옹립하기만 하면 된다는 식이다. 사교적 규준에서 비사교적일 수밖에 없게 만드는 저임금을 보편화함으로써 새로운 양극적 계급 질서를 만든다. 그 유일한 안이 바로 부성적 형벌국가가 되는 것이다.

6년 후에 나온 『빈곤을 위한 새로운 정책, 미국의 일하지 않는 빈자The New Politics of Poverty: The Nonworking Poor in America』에서 미드는 선진 사회—미국 및 유럽(후발 주자이긴 하지만)—를 지배하는 사회 문제는 더 이상 "경제적 평등"(이미 폐기된 개념)이 아니라, 사회적 무능력 및 정신적 미숙으로 일할 수 없는 "빈자들의 의존성"이다. "우리는 능력의 문제를 토론의 전제가 아니라 토론의 대상 자체로 삼는 새로운 정치적 담론이 필요하다. 우리는 가난한 자들이 어떻게, 그리고 왜 그렇게 가난할 수밖에 없는지, 어떤 형태의 압력이 그들 태도에 영향을 미치는지 등을 알아야 할 필요가 있다." 그리고 이어 빈곤이 사회적 문제에서 야기되므로 사회적 개혁이 필요하다고 지나치게 강조한다. 하여 문제 해결을 위한 접근로를 지금껏 차단시킨 사회학 만능주의의 유산을 걷어내고 "개인 행동에 대한 새로운 정치학"[39]이 절실함을 주장하기도 한다. 여기서 바야흐로 강한 국가, 완고한 도덕 교육자의 필요성이 대두된다. 노동 훈련 및 불량 상태의 느슨한 "생활 스타일"을 다시금 엄하게 바로잡는 것만이 빈자들의 "게으름"을 물리칠 수 있는 유일한 방편임을 미드는 『새로운 부권주의The New Paternalisme』라는 의미심장한 제목의 책을 통해 "이론화"한다. "전통적 반反빈곤 정책은 보상적 접근을 시도했다. 빈민층이 갖는 불이익에 따라 빈자들이 감내해야 하는 적은 수입, 부당한 처우 등을 개선하기 위한 노력을 해왔던 것이다. 〔……〕 반면 부권주의 프로그램은 의무를 요구한다. 빈자들한테 이런 지원이 필요하다는 것은 물론 지당한 말씀이나, 구조적 문제가 더 절실하다. 그리고 행동 규칙을 준수하도록 만드는 것은 바로 국가다. 질서 유지 사회정책은 더욱 많은 사람들에게 자유를 확보해주었고, 그것은 특히 빈자들에게도 마찬가지였다."[40] 그렇다면 이제 분명히 말할 수 있다. 복지국가에서 형벌국가로 전환되는 와중에 불우한 노동자 계층은 원하지도 않았는데 갑자기 이 프로그램의 기대주이자 수혜자가 된 셈이다.

마침내 세상을 '건설적으로' 살게 만들고, 그럼으로써 나머지 사회 구성원들에게 폐를 덜 끼치게 하는 방향틀을 제공하겠다는 것이 부권주의 프로그램인 것이다. 그런데 그 대상은 결국 두 계층이다. 놀랄 일도 아니고 우연도 아니지만, 두 대상은 서로 대응되거나 완전 겹친다. 1)저소득층 생활보호대상자. 2)경찰 및 법정 '단골손님'들.[41] 바로 웰페어와 관련된 하층 무산계급의 여자들과 아이들(1). 그리고 형벌 제도에 낚이는 그들의 남편 혹은 아버지, 형제 되는 자들(2). 따라서 미드는 사회보장적이면서 형벌적인 이중기능을 하는 더 큰 국가를 권장한다. 사실상 형벌국가를 은폐한 이 사회보장국가는 생활 원조비 수혜자들을 감시하고 훈육하는 기능을 함으로써, 이 수급자들한테 조금이라도 문제가 생기면 그 대응 격(상동 격도 되는)인 범법자 함에 바로 넣어버리면 되는 '신속 처리'의 이점도 있었다.

로렌스 미드는 종국에는 "국가 부권주의의 결과물이 상당수의 빈민을 대표하고 있는 소외 인종 계층에게 특별히 더 가혹할 수 있다"는 점을 인정하기에 이른다. 이런 개혁이 "처음 언뜻 보기에는 역사적 퇴행처럼 비칠 수 있다. 특히 흑인들한테는 노예제도의 복귀, 짐 크로우 법

(1876~1965년 미국 남부 주에 만연한 흑백 인종 분리 정책. 흑인과 백인은 같은 지역에서 살 수 없고, 같은 학교를 다닐 수 없고, 같은 식당, 같은 버스를 이용할 수도 없다. 짐 크로우는 희극인 토마스 라이스가 만든 극의 주인공 이름이다. 이 법의 이름은 여기서 유래했다-옮긴이)의 복귀로 보일 수 있다"(노예 해방이 되었는데도 미국 남부에서는 1960년대까지도 인종분리주의 및 인종 차별이 합법적이었다). 그러나 미드는 "미 부권주의는 진정 탈脫인종주의 시대의 사회 정책"이라고 단언한다. 왜냐하면 "그 어느 때보다 특정 인종 빈곤론이 설득력이 없는 시대에 나온 것"이기 때문이다. 어느 면으로 보나 "지금은 빈민들, 그리고 빈민들을 돕는 자들이 다 섞여 있고(동화되어 있고), 모든 인종이 두루 망라되어 채용되는 시대이다."[42]

'신노동New Labour'을 대표하는 중책인 프랭크 필드가 찰스 머레이의 대담자로 나선 이후 로렌스 미드의 이론을 공론화하기 위해 사적으로 영국까지 행차한 점만 보아도 영국 정책 결정자들이 갖고 있던 식민주의 발상의 정도를 가늠할 수 있다(신노동당의 승리 이후 1997년 재출간된 필드의 책 표지에는 이런 굵은 글자가 적혀 있다. "사회보장 정책의 개혁 장관 프랭크 필드").[43] 이 뉴욕 대학 정치학자는 이렇게 영국에서 자신을 떠받들어주니 황송하고 놀라워 입을 다물지 못했다. "영국 사회 정책 전문가들이 제 연구에 이토록 지지를 보내주시니 영광스러울 따름입니다. 이곳에서 아주 멀리 떨어진 미국에서 발전시킨 제 이론이 우리가 '복지국가의 어머니'라 부르는 이 나라에 기여한 바가 있다니 전율이 이는군요thrilling."[44]

웰페어 이후 시대에 미국 및 영국의 사회 정책을 안내할 새로운 '섭리'

를 실은 철학 카탈로그도 발간되었다. 이 카탈로그는 로렌스 미드의 책에서 발췌한 내용을 상당수 베껴 "빈곤 및 인간 본성에 관한 토론"[45]이라는 제목을 붙인 것이다. 한마디로, 사회를 개인의 단순 연속 집합으로 보는 원자론적 시각으로의 회귀 혹은 퇴행이다. 개인은 자신들이 충분히 납득할 만한 이해관계를 따르거나(이것은 심히 유용성을 따져 나온 행동으로 좋은 의미의 보수주의가 가르치는 것과는 상반된다), '문화'를 따르는데 바로 이 '문화'에서 개인의 인생 전략과 기회 창출이 나온다는 것이다. 그런데 이것은 사회학 연구 방법론 제1규칙에 명백히 위배되는 사항이다. 왜냐하면 사회 현상을 개인화시켜 설명하고 있기 때문이다(사회학에서는 사회 현상은 또 다른 사회 현상을 통해 설명해야 한다). 마침내 도래한 개인 능력 위주의 새로운 사회에서 이러한 사회학 방법론은 폐기되어야 할 낡은 칙령이 된다. 사회계급론은 말소되고, 이제 '능력자'와 '무능력자', '책임자'와 '비책임자' 간의 대조적인 기술적·도덕적 차이만 있을 뿐이다. 사회적 불평등은 이제 개인의 인성 차이, 즉 '인지 능력(아이큐)'의 차이—머레이와 헤른슈타인에 따르면—에 따른다. 그러니 이런 개인적 사안에 공공복지 정책이 무엇을 할 수 있겠냐는 것이다. 이런 울트라 리버럴한 시각은 신기하게도 부권국가의 독단주의와 딱 맞아떨어진다. 부권국가는 기본적 시민성을 준수하도록 독려해야 함과 동시에 이를 원치 않는 자들에게는 낮은 임금과 처우를 부여하는 일까지 같이 해야 하기 때문이다. 이처럼 사회복지 업무와 경찰 업무는 불량하고 무능한 노동자 계층 인자들의 통제 및 재정비라는 논리를 순순히 따랐다. 이 글이 "위기의 공공정책에 대한 기독교적 전망"을 제공하는 책자로 공동 발행된 것이 우연은 아니다. 사실상 앵글로아메리칸 지대에서 종교의 영향은 무시할 수 없는 일이다. 빅토리아 모럴리즘의 복귀를 꿈꾸는 식의 종교적 모럴은 그 고상한 역할을 톡톡히 해냈다. 사회적 도덕 및 종교적 윤리가 신자유부권주의 질서를 합법화하는 데 제대로 끼어들었다.

"사회 정책은 점차 사회 개혁이라는 목표를 저버리고, 가난한 자들의 생활을 관리하는 일에 전념하게 되었다. 물론 그 나라에 어떤 보수주의 물결이 상승한 데 그 원인이 있을 수 있다. 하지만 더 근본적인 이유는 빈곤에 대한 구조적 설명으로 딱히 수긍할 만한 것이 없어서이기도 하다. 만일 가난이 사회적 장벽보다는 가난한 자들의 행동이나 태도에서 기인한 것이라면, 변해야 하는 것은 그 행동 혹은 태도이지 사회가 아닌 것이다. 그러니 무엇보다 비정상적인 임신을 못 하게 해야 하고, 노동의 질을 높여야 한다. 〔……〕

바로 이런 이유 때문에 사회보장 정책이 노동 부양 정책으로 돌아선 것이다. 1967년 이후 특히 1988년 이후부터 AFDC(Aid to Families with Dependent Children: 모자가정지원) 프로그램은 '보조받는 어머니들 Welfare mothers'의 비율을 늘리는 동시에, 이 보조금을 수급하는 조건으로 노동 프로그램에 참여할 것을 요구하고 있다. 각 연방주들은 '부재 아버지'들이 가족 부양을 위해 노동을 할 때만 그 자녀들을 원조한다는 법적 방침을 세웠다. 게다가 학교에서도 더욱 단호하게 규칙을 준수하게 하고, 불법 체류자 피난소 또한 이 이방인들의 행동거지를 더 규제하는 등 관리 질서도 더욱 강경해졌다. 관측대로라면, 빈자들을 원조하면서 빈자들이 일정한 기능을 할 것을 요구하는 부권 정책은 빈자들을 단순히 '더' 옹호하는 것에 비해 '덜' 옹호함으로써 빈곤을 더 개선할 수 있다는 희망을 준다. 빈곤에 대한 최상의 답은 빈민을 무조건 지원하는 것도 아니고, 그렇다고 포기하는 것도 아니다. 그들의 생활을 잘 지도하는 것이다. 〔……〕

국가는 공공질서의 핵심인 시민성을 준수하게 해야 한다. 국가는 법의 위반을 엄중 질책하고, 군인(경찰)을 깃발 아래 소집해 그 후속 조치를 취해야 한다. 공공 영역 내에서 모두가 동등하다고 느낄 수 있도록 국가는 다소 위기감을 갖고 제대로 지켜지지 않는 의무를 준수하게 해야 한다. 시민 평등, 이것이 미국의 가장 핵심적인 임무이다. 정치적 참여도 시민 평등의 일부이다. 그러나 투표가 반드시 지켜야 할 의무라고 생각하는 사람은 그리 많지 않다. 노동에 대해서도 다르게 생각한다. 노동을 사회적 위상의 핵심이라고 생각하는 사람들은 일하지 않는 사람들 모두에게 일자리를 주어야 하는 것이 미국 국내 정치가 당면한 가장 중요한 문제 가운데 하나라고 본다. 〔……〕

사회보장 정책 개혁 이후 능력 위주 사회에서 능력자와 무능력자라는 정체성은 이제 새로운 사회 계층 질서의 토대가 되었다. 이것은 이전의 계층적 차등을 가린다. 〔……〕 안락하고, 책임감 다하는 생활을 하는 자가 '부자'라 지칭되고 그렇지 못한 자는 '빈자'라 지칭된다. 이런 정체성은 어떤 사회 구조를 개혁해서 바꿀 수 있는 것이 아니다. 왜냐하면 오늘날의 새로운 정책으로는 수입이나 계급이 아닌 인성 자체가 한 사람의 자질과 능력을 만들어내기 때문이다. 우리 사회의 가장 큰 단층은 부자와 덜 부자인 사람 사이에 있는 것이 아니라 스스로를 책임질 수 있는 자와 없는 자 사이에 있다."

미드가 소원해 마지않는 부권국가는 형벌국가가 될 수밖에 없다. 1997년 IEA는 이번에는 정책 입안자들policy makers 및 특별히 엄선된 기자들 앞에서 신보수주의 클럽('뉴 월드'를 주창하는) 내에 한창 유행 중인 아이디어를 홍보하기 위해 다시 한 번 찰스 머레이를 초청했다. 그 좋은 아이디어는 바로 '감옥 시장'이다. 즉 형무 관련업이 건사하기도 힘든 재정 부담 사업이 아니라, 사회를 위한 수익성 높고 사려 깊은 투자라는 것이다[46](미국 고위 사법 당국의 지지를 받은 이 테제는 미국 바깥에서는 명명백백 옹호될 수 없는 이론이다. 왜냐하면 국제 기준에서 봐도 범죄율과 수감률 사이에 어떤 명백한 상관관계가 있는 것은 아니기 때문이다. 그러니 IEA는 이 테제를 의문문 형식으로 세울 수밖에 없었다). 머레이가 근거로 삼고 있는 논거는 미 연방사법부가 내놓은 증명도 안 된 의심스러운 자료이다. 살인, 강간, 절도, 폭력 같은 강력 범죄들을 막기 위한 최상의 효과적인 방법과는 거리가 멀지만, (사형 아닌) 징역으로라도 범죄를 줄여야 한다고 주장하기 위해, 1975년과 1980년 사이 3배나 증가한 미국 수감자 수가 이 유일무이한 중화 효과를 본다면, 1990년 단 한 해에만 39만 건 정도 감소할 것이라는 추정을 내세우고 있는 것이다. 이어 너무나 솔직한 용어들을 써가며 국가의 사회복지 정책 후퇴와 한 쌍이 될 수밖에 없는 형벌 정책의 이모저모를 조목조목 설명한다. "사법기관은 누군가가 범죄를 저지를 수밖에 없게 된 원인을 고민하는 데가 아니다. 사법기관은 범죄자들을 징벌하고, 무고한 자들을 보호하고, 법을 존중하는 시민들의 이익을 옹호하기 위한 기관이다."[47] 그런가? 국가란 빈곤 계층의 범죄 원인을 걱정하기 위해 있는 것이 아니라, 빈자들의 "가난한 모럴"(유행 중인 아주 새로운 "콘셉트")을 걱정하기 위해 있는 것인가? 그러니까 다만 그 원인이 아니라 결과만 걱정하기에도 바쁜 것인가? 그러니 아주 효과적으로, 아주 엄중하게 그 결과물을 제재할 필요가 있는 것인가?

머레이의 방문이 있고 나서 몇 달 후 IEA는 이번에는 학술회의처럼 꾸민 기자 포럼을 열고 톨레랑스 제로를 홍보하기 위해 전 뉴욕 경찰국장 윌리엄 브래튼을 초청했다. 여기에는 하트르풀, 스트래트클라이드, 테임스 벨리 지역의 경찰 간부들도 참석했다. 앞의 두 간부는 그들 관할 구역에 '순향 정책'(police proactive : 먼저 학습이 다음 학습에 영향을 주는 식으로 작은 범죄를 막아야 큰 범죄를 막는다는 개념-옮긴이)을 도입한 바 있다. 이보다 더 논리적인 것은 있을 수 없다! 톨레랑스 제로만이 대중을 다스리는 데 필요불가결한 보완책이다! 바로 이를 통해 미국에서처럼 영국에서도 빈민 처벌을 원활히 할 수 있을 것이다! 이 자리에 참석한 유순한 미디어들은 시의적절한 반향까지 일으켜주었다. "미국에서처럼 영국에서도 치안 질서를 더욱 강화해야 오물 투척, 욕설, 낙서, 기물 파손 같은 범죄 행태들 혹은 잠재적 발현 가능성의 범죄 행태를 사전에 차단할 수 있다. 그럼으로써 범법 행위가 더 심각한 수준으로 발전하는 것을 막을 수 있다." 또 이를 위해서는 "경찰들의 사기 진작이 시급하다. 그도 그럴 것이 수년 동안 경찰은, 범죄란 가난이 동인이 되어 일어나니 경찰이 딱히 할 일은 없다는 사회학자, 범죄학자들의 주장을 너무 온순히 들어왔기 때문이다."

이 사이비 심포지엄은 관례처럼 공동 연구서 출판으로 이어졌다. 『톨레랑스 제로, 자유 사회를 어떻게 통치할 것인가Zero Tolerance: Policing A Free Society』라는 제목만으로도 그 철학적 기조가 잘 드러나 있다. 자유라 함은, 세제 및 특히 고용 분야에서의 '상부'의 자유방임 및 불간섭주의이다. 반면 '하부'에 대해서는 간섭, 아니 난입 및 비관용이다. 저임금 및 불안정 고용으로 고통 받고 있는 민중 계급 구성원들의 공공연한 적대적 태도를 바로잡기 위한 개입 및 간섭주의이다. 또한 공공복지의 약화와 사회복지의 저하. 토니 블레어 정부의 각료들과 정책 전문가들 사이에 널리 유포된 이런 개념은 1998년 신노동당 의회가 투표, 가결시킨 제2차 세계대전 이후 최대의 악법[48]이라는 '범죄 및 사회 무질서에 관한 법률'의 기틀을 마련해주었다. 그리고 이런 조치가 겨냥하는 과녁이 어딘가 하는 불분명함을 일거에 해결하기 위해 영국 총리는 이보다 더 분명할 수는 없는 '톨레랑스 제로'라는 용어를 과감히 선택했다. "우리는 더 이상 경미한 범죄도 용납할 수 없습니다. 이런 말을 하는 것이 중요합니다. 그러니까 그 기본 원칙은 이것입니다. 그렇습니다. 집 없는 길거리 부랑아들에 대해 더 이상 관대하면 안 됩니다. 단호한 조치를 취하는 것이 아주 당연하다 할 것입니다."[49] 영국 《타임스》가 발행하는 고급 서평지 《타임스 리터러리 서플먼트Times Literary Supplement》에 IEA의 소책자 『제로 톨레랑스』가 추천되었을 정도이니 영국에서 이런 테제가 얼마나 보편화되었는지는 단적으로 드러난다. 여기서 당시 영국 교도 감찰관은 〈톨레랑스 제로를 향하여〉라는 제목의 글을 통해 경찰이 "단순히 치안 질서 요원인 것만이 아니라 자유 사회가 만개할 수 있도록 여타 기반 조성을 위해 노력하는 우리 공동 사회의 일원임을 잘 보여주는 이 작지만 대단한 책"[50]을 꼭 읽어보라고 적극 추천하고 있다.

하여 영국은 미국 신보수주의 싱크탱크들에 의해 공포된 개념 및 법적 조치들을 든든히 갖추게 되었다. 이제 모든 국정 차원에서 치안 및 형벌 정책을 실시하기만 하면 되었다. 그리고 이런 분위기는 영국에서 출발하여 스웨덴, 네덜란드, 벨기에, 스페인, 이탈리아, 프랑스로 확대되었다. 한데 유럽 정부 공직자가 '안전'이라는 말을 쓸 때, 그 입에서 '메이드 인 USA'라는 말이 나오지 않을 수는 없었으니 구긴 체면을 살릴 양 거기에 '공화적'이라는 형용사를 덮어씌웠다. 톨레랑스 제로, 야간 통행금지, 히스테리 수준의 '청소년 범죄'(전체 청소년이 아니라, 경제적으로 낙후된 구역에 사는 이민자 출신 자녀들 집단) 고발, 큰 물고기 대신 피라미만 잡는 식의 마약 판매책 일망타진, 사법 처리 대상 연령 하향화, 전과자 구속 강화, 재판 부속 기관들의 민영화, 기타 등등. 이런 모든 공안 질서 유지 관련 개념이 대서양을 넘어 유럽에 들어와 대환영을 받기 전 이미 유럽 대륙에서도 정치인들의 무식 및 위선은 정점에 달해 있었다. 정당 대표들까지 나서 도시 폭력을 미연에 방지한다는 구실로, 즉 아직 발현되지도 않은 범죄를 막겠다며 이 테제를 국가적 혁신으로 적극 채택하기에 이르렀다.

수입자와 동업자

　'불량한 빈자들'에 대한 사회의 도덕적 영향력을 재확인하고, 하층 무산계급을 새로운 노동시장의 원칙에 맞게 개량하기 위해 제조된 미국산 안전에 관한 테마와 테제 수출 사업이 이토록 번성할 수 있었던 것은, 사실상 다양한 수출 대상 국가들의 이해관계에 따른 동의가 있었기 때문이다. 한편 동의에는 다소의 변종이 따랐다. 가령 블레어 정부는 흥분과 강렬한 확신으로 이에 동의했다면, 프랑스 조스팽 정부는 내미는 손이 부끄러운 듯 어설픈 입장이었다. 상징적 전향을 해야 하는 트랜스내셔널 '기업' 요원들의 규모와 수위를 고민하지 않을 수 없었다. 이런 기업을 '유니버설'하게 만들면서(유니버설? 우주의 일부에 불과한데 자신이 우주 전체라 생각하는 몇몇 서구 자본주의 국가들이 남용하는 이 이상한 단어) 자명한 이치라도 되듯 형벌국가를 강화해야 한다. 사회보장국가의 필요성은 낮추면서 자유시장경제의 혜택을 맛보아야 한다.

공화적 질서의 재건이라는 유럽 국가 지도부들 및 공무원들의 지상명령을 수행해야 한다. 바로 이 '기업'들이 동시에 해야 할 일이었다. 이제 일자리 만드는 것을 포기하고, 대신 감옥이 다 지어지기를 기다리면서 경찰서나 더 만들면 된다.[51] 노동시장의 폐기물, 사회적 제명자에 대한 감시와 함께 일자리 창출이라는 능력까지 발휘한다면 금상첨화. 1999년 말까지 '문제 지구'에 집결될 2만 명의 안전 요원과 중재지역 요원 1만 5천 명은 이른바 청년들을 위한 좋은 일자리(프랑스 정부가 약속하는) 10위에 랭크되기도 했다.

국가가 경제적 위기에 처하는 순간 국가의 도덕적 권위를 강요하고, 신新프롤레타리아를 저임금 불안정 고용으로 겁주면서 봉급에 목매달게 하고, 사회 조직에 쓸모없는 자들을 보세 창고에 집어넣듯 감방에 집어넣는 이 공세적 미국 상품을 수입한 나라들은 그냥 수입해 파는 데 만족하지 않았다. 적절한 가공이 필요했다. 유럽의 국가적·정치적 전통과 정서에 맞게 개조했다. 특히 유럽식의 고상한 '학술 임무'를 통해 세련되게 가공했다.

1831년 봄 미국 여행을 떠난 귀스타브 드 보몽과 알렉시스 드 토크빌(프랑스 정치사상가 토크빌은 교도소 제도 개혁을 위한 시찰을 명분으로 친구 보몽과 함께 신생국 아메리카를 여행했다-옮긴이)을 흉내 내 유럽연합 소속 국회의원과 형법학자, 고위급 공무원 들도 아메리카를 여행했다. "형무 제도, 고전의 땅"을 발견하기 위해, "미국 제도의 신비를 간파하기" 위해, 또 자기들 나라에 이 "비밀의 원동력"을 심기 위해 부푼 꿈을 안고 뉴욕, 로스앤젤레스, 휴스턴 등을 정기적으로 방문했다.[52] 영국 상원 내무위원회 위원장 에드워드 가디너 경은 미국교정연합(CCA: Corrections Corporation of America)—총 매상고 4억 달러, 재소자 5만여 명, 나스닥 주식시장에서 회사명만으로도 순이익을 내며, 10년 사이 시가가 40배나 오른 미국 최대 교정 기업—의 재정 지원을 받아 떠난 시찰 방문에서 많은 영감을 받고 왔다. 형무소 민영화의 가치와 덕목을 발견했으며, 영국에서도 이윤 창출을 목적으로 하는 구치소를 세울 전향적인 길을 마침내 모색할 수 있었다. 사실 이런 일들은 교도 시장의 이윤을 나눠 먹는 주요 교정 기업의 이사로 등극하기 위한 그의 사전 절차였다. 영국 민영 형무소 내 재소자 수가 1993년 2백 명에서 지금(이 책이 출간된 해인 1999년. 이 책에 나오는 모든 수치와 통계는 1999년 무렵의 것임을 감안할 것–옮긴이)은 4천 명 가까이 된다.

형무에 관한 이 새로운 일반 상식을 유럽에 보급하는 또 다른 매체는 바로 공식 보고서들이었다. 당시 정치적 언론 플레이를 잘 구사하던 연구가들은 소위 사전사고事前思考 혹은 개념 작업을 위해 갖은 학술적 미사여구를 만들어냄으로써 정부 지도자들에게 그럴듯한 정치적 명분(흔히 선거 공약용)[53]을 심어주었다. 이런 보고서들은 사실 계약(허위일 가능성이 큰)에 근거한다. 학문적 명성에 힘입어 미디어에 고정 출연하며 일정 수입을 챙기니 나름 돈벌이가 되지만, 학문적 자율성을 침해받은 이상 진정한 학자가 할 짓은 못된다. 학자로서 과학적인 개념과 정의에 기반해 질의하고 탐구하는 역할을 저버리고, 방송 주제로 정해진 선정적인 제목을 그대로 좇아 사회학적으로 증명도 안 된 "사회 문제"들을 가설을 세우고 분석한다. 도시 폭력의 문제만 해도 그렇다. 이 문제의 사전적 원인들을 차분히 따져보지도 않는다. 이미 내부 차원에서 개혁에 들어간 행정적 개념을 가지고라도 최소한 가능한 치유책을 고민해보지도 않는다. 통계 자료의 일관성 및 학문적 정합성이 결여된 순전히 관료적인 학술물만 내놓을 뿐이다.[54]

이런 보고서는 주변 정황에서 나온 보고에 기대는 전형적인 방식이다. 다시 말해 하나의 가공 모델을 만들어낸다. 혹은 사회에서 뽑아냈다고는 하지만 실체 없는 환영에 불과한 유사 추출물을 비교를 위한 비교를 위해 그 표본으로 사용한다. 한 나라 정부 차원의 일반 상식을 보급하기 위해 그 보증서를 이웃 나라의 일반 상식에서 찾는 꼴이다. 리오넬 조스팽이 "청소년 절도 범죄를 위한 해답"을 찾기 위해 사회당 의원 라제르귀와 발뒤크에게 맡긴 공무 보고서 부록을 보면 기가 막힌다. 미국 주재 프랑스 대사관 사회 문제 공보관 위베르 마르탱의 글이 이 부록에 들어 있는데, 여기서 그는 미국 대도시에서 실시되고 있는 청소년 야간 통행금지 법안에 대해 적극 찬성한다. 최소한의 의문도 없고, 일말의 비판도 없다.[55] 그 대단한 공무원적 열성으로 미 대도시 시장 전국연합이 실시하고 발행한 사이비 앙케트 자료를 상당수 참조, 미디어가 매일처럼 떠드는 안전에 관한 경찰의 묘책을 옹호한다. 그것에 따르면 야간 통행금지법은 "공공질서를 위한 효과적인 방안"이다. 왜냐하면 경찰이 부모한테 일부 책임을 전가함으로써 "지역적 차별화를 통해 문제 지구"를 더욱 수월하게 관리할 수 있으며, "경찰 업무 시간표"를 잘 활용함으로써 더 효과적인 치안 업무를 수행할 수 있기 때문이다.

야간 통행금지가 청소년 범죄의 실질적 감소에 기여할 수 있다는 느낌만을 갖고 있던 미국 시장들에게 프랑스 정부가 발행한 이런 관보는 역으로 적절한 대변자 구실을 해주었다. 사실상 이 프로그램은 범죄를 줄이는 데 별다른 파급 효과도 없었다. 그저 이런저런 시간대에 이곳저곳을 어슬렁거리고 다녔을 뿐이다. 한 번도 법을 위반한 적 없는 수만 명의 젊은이들을 매해 잠정적으로라도 구속시키는 일(1993년 한 해에만 10만 명. 자동차 절도를 제외한, 단순 절도로 체포된 청소년 범죄자 수가 2배 증가했다)에 드는 인건비와 장비도 상당했다. '지역적 차별화'라는 목표를 달성하기는커녕 격리 지역의 유색인종 청년들을 범죄인 취급하는 강경 진압책 및 차별 정책 때문에 법정에까지 서야 했다(최고법원까지 올라간 고소 건이 여럿 있었다).[56] 그러나 효력도 없고 정당한 명분도 없는, 그저 언론 조장에 불과한 치안 조치는 갈수록 일반화되었다. 도처에서 이미 실패하고 있는데도 그 감시와 괴롭힘 기술을 채택하기 위해 다른 나라의 성공 사례를 들어 보급 사실 자체의 유효성을 부각했다.

미국 범죄학 및 사회학 학술지 주석 어디에도 나와 있지 않지만, 《턴어라운드Turnaround》는 자칭 미국 최고의 경찰 잡지다. 이미 프랑스에서는 쥘리앙 다몽(SNCF 연대업무 책임부장)이 《내부치안수첩 Les Cahiers de la sécurité intérieure》(내부치안고등연구소 기관지)에서 이 미국 잡지를 적극 소개했다. 다몽은 브래튼의 명성에 기대 브래튼의 소책자들을 추천하며, 톨레랑스 제로에 관한 실질적인 정보를 얻고 싶은 사람들에게 적극 추천할 만한 책으로 소개했다. 또한 독자들에게 경제문제연구소가 발행한 톨레랑스 제로를 위한 광고책자 『제로 톨레랑스, 자유 사회 정책』을 참고할 것을 권하기도 했다. "치안 책임자들의 고민을 모두 모아놓은 영어판이 있다. 특히 여기에 윌리엄 브래튼의 이론과 방법이 실려 있으니 반드시 읽어볼 것."[57]

《내부치안수첩》 같은 호에는 정치학자 세바스티앙 로셰의 긴 논문도 게재되었다. 안전과 무질서에 관한 이 미국 이론(보너스로 이데올로기도) 수입이 전공인 그는 "톨레랑스 제로, 프랑스에서도 실시되나?"라는 결정적인 문제를 제기한다. 로셰를 프린스턴 대학에 초청한 바 있는 미국 동료들은 그의 논문에 흡족했다. '감옥 만능주의'의 지지자이자, 범죄의 근본 원인으로서 '도덕적 비전' 양태를 연구하는 존 디이울리오 고위정책연구소장의 입장을 로셰가 잘 대변해주었기 때문이다.[58] 그는 또한 미국 보수주의 범죄학자들(제임스 Q. 윌슨, 찰스 머레이와 함께 『종형곡선』을 쓴 리처드 헤른슈타인, 또 캔자스시티 경찰국장 출신으로 맨해튼연구소 일원이 된 조지 켈링, 미국 내 폭력은 "인간종의 생화학 작용" 흐름에 따라 자유롭게 사는, 소위 "경계" 모드에 사는 "독신자 사회"가 양산해낸 것이라고 주장하는 신新다윈주의 역사가 데이비드 커트라이트 등이 있다)의 연구물의 과학적 중립성과 엄정성을 프랑스의 아마추어리즘과 대조·비판하며 이념적 혹은 직업적 입장을 공공연히 드러냈다. 그러니 윌리엄 브래튼이 불만을 표할 일은 전혀 없었다. 로셰는 윌슨, 켈링, 브래튼이 뉴욕 시 경찰국 홍보 책자에서 말한 것들과 흡사한 뉴욕 치안 정책을 대충 피상적으로 소개한다. 최소한의 구체적인 정보도 제공하지 않으며 다만 프랑스의 경험적·체계적 작업의 부족을 한동안 비판하다가 줄리아니의 안전 관련 정책에 대한 흑인들의 견해 역시나 다른 이주민 사회의 견해와 거의 일치한다고 단언한다. 그러나 이 점에 대해서는, 그리고 그 이유에 대해서는 뉴욕 아프리카-아메리카인과 백인들 사이의 의견이 다른 것을 이미 앞에서 보았다. 물론 그곳은 모든 것으로부터 단절된 작은 사회적·인종적 낙원인 프린스턴 대학이 아니다. 결론적으로 로셰는 톨레랑스 제로가 프랑스에서 탐사될 만한 가치가 있는 이행 사안이라고 본다. 물론 "반드시 해야 할 진압이지만 그 차원은 아마도 미국에서와는 다르게 전개될 것이다. 왜냐하면 우리는 폭력 범죄가 덜하기 때문이다."[59] 이어 프랑스로 주제를 돌려 경찰의 현 온건 진압 정책을 혁신해야 한다고 주장한다. 결국 이것이 그의 책의 궁극적 주제다. 그가 이어 발표할 책의 제목은 각주에 실린 다음과 같은 문장에 이미 예고되어 있었다. "프랑스에 깨진 유리창들이 있어서야!"

안전 조치를 배우기 위한 이 대서양 횡단 임무는 헛일이 아니었다. 다루기 힘든 노동자 계층 분파를 저임금 및 불안정 고용제로 위협하며 더 잘 다스리기 위해 미국에서 제조된 형벌주의라는 이 신흥 종교는 유럽 전역에 확산되었다. 이제 이 도그마는 노동권을 헌신짝 버리듯 던지는 열의만큼이나 안전 조치를 홍부하는 데 혐안이 된 정부 측에 붙어 일을 급박하게 처리해야 하는 전문가들의 숙제가 되었다. 1999년 초 '크세주 que sais-je' 학술 문고 시리즈에도 급기야 알랭 바우어와 자비에 라우퍼가 쓴 『도시 폭력과 불안전 Violences et Insécurité urbaines』이 당당히 들어가게 되었다. 라우퍼는 파리 팡테옹 소르본 대학의 '현대의 범죄 위협' (그의 강의 제목이기도 하다) 학회장이자 파리범죄학연구소 강의를 담당하고 있으며, 또한 이 책 뒤표지의 저자 약력에는 빠져 있지만, '서구기독교'라는 극우 단체의 창설자이기도 하다. 파리 팡테옹 소르본 대학의 전前 부총장이자 시앙스-포(Science-Politique: 파리고등정치학교) 교수이며, 이런 경력으로라도 피해갈 길 없는 내부치안고등연구소 위원이며, 《르몽드》에서 발행하는 각종 정기 간행물의 집필가인 바우어는 도시 폭력에 관한 공식 학술회의마다 강연자로 나섰다. 이 자리에서 그가 회장으로 있는 '도시 안전에 관한 집단 자문' 기관이라는 AB 어소시에이츠의 고객을 선발했다. 이들의 공동 저서가 톨레랑스 제로에 구실을 주었다 해도 지나친 말은 아니다. "범죄로 얼룩진 프랑스의 외곽 도시"를 위한 형벌 조치가 재개되었고, 사설 경찰제도 확대되었다. 바우어와 라우퍼에 따르면, "뉴욕의 안전 정책은 우리나라에 아직도 왕성히 살아 있는 해로운 조류들인—잠정 범죄자들이라 할—다수의 오리들(한 그룹 내에서 방해가 되는 사람들이라는 비유적 표현-옮긴이) 목을 비틀어줄 수" 있다. 범죄의 원인은 인구학적인 것도 아니고, 경제적인 것도 아니고, 문화적인 것도 아니고, 화학-의약적(마약중독과 관련한)인 것도 아니며, 사회적 원인 또한 멀고 먼 이유다. 그런 것은 순전히 피할 수도 있고 피하지 못할 수도 있는 올가미 혹은 덫에 불과하다. 이 모든 것이 웅변조로, 대차대조 방식으로 윌리엄 브래튼의 책에서도 예시되었다. "사회학에서 영감 받은 온갖 이론들이 있지만, 이런 것보다 우선 범죄의 가장 확실한 발생 원인은 죄인 그 자신이다."[60] 옛 뉴욕 경찰국장의 영향을 듬뿍 받은 바우어와 라우퍼의 이 범죄학 '발견'은 로널드 레이건이 범죄에 관한 담화 때마다 읊고 읊던 후렴구와 너무 흡사하다. 레이건 역시나 극우 범죄학자 제임스 윌슨의 말을 따라 한 것이고, 윌슨 역시나 그 분야에 관한 한 가장 노후한 보수적 사회철학의 담론들을 대충 얼버무려 범죄학 용어로 형식화한 것이지만.

대서양을 횡단한 후 복지국가 개념과 맞장 뜨기 위해 신보수 싱크탱크들에 의해 전파된 반反진리들, 이론으로 위장한 슬로건들, 잘못된 억지 개념들이 얼기설기 엮여 재미는커녕 졸리기만 한 안전 주제 동화들은 유럽 치안 정책 작업에 직접적인 정보를 주었다. 이런 근거들은 프랑스 대도시 내의 '안전에 관한 계약'을 추진하기 위해 내부치안고등연구소가 공식 작성한 서류들에 확실한 기록으로 남아 있다.[61]

신자유주의
형벌 제도와 상술

미국 싱크탱크들과 정계, 언론계에 포진한 그 연합군들은 사회적 불안과 그로 인한 결과물을 형벌하기 위해 서로 끼워 맞추어진 용어와 이론, 조치 들로 우선 초안을 구상한 다음 이 초안을 전국적으로 그리고 전 세계적으로 파급했다. 차용한 것이든, 부분적이든, 전반적이든, 의식을 하든 안 하든 수용국이 다른 이상 국가의 전통과 문화적 관습에 따라 다소 가공을 거치는 작업이 필요했다. 각 부처는 제 역량을 발휘했다. 여기에 제3의 전술이 합해짐으로써 이 국제무역은 승승장구했다. 이제 뉴욕에서 런던으로의 유입에 이어 파리, 브뤼셀, 뮌헨, 밀라노와 마드리드를 거치는 동안 신자유주의 발상은 더욱 지적인 형상을 갖추게 되었다.

실제든 흉내든 대학 학술 행사 식의 교류 및 발표, 출판이라는 중계를 통해 지식인 '안내자'들은 이 분야의 개념들을 일종의 정치적 학술 용어로 만들었다. 정책 결정자들 및 팩트에 들어맞아야만 기사를 쓰는 기자들의 귀가 솔깃할 정도로 충분히 구체적이면서도 원조국의 특수한 맥락이 너무 드러나지 않게 충분히 추상적으로 조정했다. 하여 이 개념들은 직업적, 조직적, 국가적, 심지어 정치적 계파를 뛰어넘어 모든 사람이 공유할 수 있는 일반 논거가 되었다. 각자 바라는 대로 선진적인 신자유주의 사회의 백일몽을 꾸고 있었다.

언론과 정치가 만들어낸 가상 오브제를 역시나 가상으로 연구해놓고 마치 진짜 견본품인 양 그럴듯하게 보여준 다음, 시사 주간지 보도물이나 대중지에서 이삭 줍듯 주워 모은 정보들을 가지고 검증까지 마쳤다. 가령 소피 보디-장드로는 '고소당한'(문자 그대로) 지역을 몇 번씩 훑어본 다음,『안전 사각지대, 미국 게토에서 프랑스 방리유에 이르기까지 Les Villes face à l'insécurité: des ghettos américains aux banlieues françaises』를 썼다. 이곳에 와본 경험이 없는 독자들 눈에는 이런 지적이 정말 당연해 보였다. 제목만으로도 이미 시급한 사태를 알리고 있었다. 새로운 치안 및 형벌 정책을 호의적으로 보는 국가의 새로운 억견이 응축되어 있었다.[62] 이 책의 첫 몇 줄만 인용해보자. "도시 폭력 현상이 기염을 토하며 확산되고 있어 모든 전문가들이 당황하고 있다. 강경 진압을 해야 하나? 모든 수단을 동원해 예방해야 하나? 중간 노선을 찾아야 하나? 징후들과 싸워야 하나? 폭력과 절도의 심층적 원인들과 싸워야 하나? 조사에 따르면 〔……〕" 여기서 이제 각 부처 관료들 및 대일간지 사설들이 열렬히 추앙해 마지않는 사이비 정치철학의 모든 요소들이 총 등장한다. 사실("기염을 토하며 확산") 증명은 하지도 않고, 논지를 가뿐하게 출발시킨다. 이 관료적 개념("도시 폭력")을 앉아서 대충 본 것에 맞추는 식이다. 여론조사 기관이 내놓는 자료는 자료 그 이상이 아닐 때가 많다. 이어 거의 결단을 내리듯 관료적 개입(진압 혹은 예방) 논리에 상응하는 억지 대안 시리즈가 나온다. 반면 그 대안들은 질문 자체에 이미 답이 나와 있다. 프랑스를 바라보는 뻔한 미국식 견해들, 미국을 바라보는 뻔한 프랑스 식 견해들. 그리고 집권 사회당 정부가 추천하는 형벌 제도 파생품을 국가적 이성을 따르는 중간노선으로 소개한다. 책 뒤표지에 실린 대로 저자는 시민-독자들을 향해 이렇게 외친다. "전 구역의 재투자가 시급합니다. 중산층이 극단적인 정치적 해결을 하지 않도록 하기 위해서라도 말입니다."[63] 명확히 하자. 치안 정책의 재투자이지 고용의 재투자가 아니다.

범죄 문제에 관한 한 프랑스 최고의 전문가인 범죄학자 브뤼노 오뷔송드 카바를레가 1974년부터 1997년까지 경찰일지에 등록된 범죄 건수 및 그 진척 상황을 아주 면밀히 조사한 자료가 있는데, 그에 따르면 정치가들이 재앙적 수준이라며 호들갑을 떤 선언이나 통계를 해석할 능력이 안 되는 기자들의 경계성 발언 혹은 이 문제에 관해 딱 보기에도 아주 오랫동안 매달린 것으로 보이지는 않는데 나름 발언을 한 연구가들의 진단에 비해 정작 범죄는 "약간의 감소"[64]를 보이고 있다.

순 합계로만 보면 프랑스 미성년자의 범죄 건수는 지난 15년 동안 분명 증가했다. 그러나 전체 범죄가 늘어난 추세여서다. 감소와 증가를 반복하는 소폭의 변동이 있으나 1996년 전체 범죄 건수에서 청년층이 차지하는 비율은 1980년의 18퍼센트와 똑같은 비율이다. 1994년부터 1997년까지 사실이 확인된 범죄 건수는 감소한 반면, 소송 건수는 확실히 증가했다. 그러나 이 해 동안 청소년 범죄의 소위 폭발 양상은 재판소들이 이 해 유달리 청년 부문에 집중해서다. 다시 말해 1차의 태만을 2차의 열성으로 만회한 데 따른 결과다. 따라서 범죄가 심각하게 증가한 것처럼 보이는 것은 당연하다. 범죄의 폭력성 강화(파괴 및 파손, 의도적 구타 및 상해, 강도, 강간)도 전체 범죄자들에 해당하는 것이지 미성년자들에게만 특별히 해당하는 것은 아니다. 이것은 피해자들의 제소를(특히 강간 범죄의 경우) 용이하게 하기 위한 개선 조치에서도 설명된다. 단순 절도나 자동차 및 상점 절도 등의 다른 범죄들에서는 1996년 미성년자 절도범 수가 1980년보다 낮다.

소위 '반사회적 행동'(욕설, 가벼운 상해 및 협박) 죄에 관한 한 청소년들이 과거에 비해 혹은 청장년층에 비해 더 많이 범죄를 저지르는가도 딱히 알 수 없다. 왜냐하면 경찰이 그런 부분까지 일일이 기록하고 통계 낸 자료가 따로 없기 때문이다. 그렇다면 총리실에서 강한 확신을 가지고 라제르귀와 발뒤크 의원에게 '청소년 범죄 해결 방안 및 임무'를 조사시켰다고 해서 "반사회적 행동 및 범죄를 행하는 청소년들의 심각한 증가" 같은 결론을 유출해낼 근거는 없는 것이다.[65] "보다 심각하고 폭력적인 사건으로 고소당한 미성년자의 연령대가 점점 낮아지고" 있으므로 리오넬 조스팽 정부가 의회에 그 실태 보고서를 신속 제출할 것을 요구했다고 하지만, 이것은 전적으로 인상에서 나온 가설을 우려한 측면이 강하다. 왜냐하면 "그 분야 증언자들 발언에 늘 나올 정도로 범죄자 연령층이 하향되었다고 혹은 범죄 행위가 더욱 젊고 대담해졌다고 평가내릴 만한 자료가 실제로는 존재하지 않기 때문이다."[66]

통계 자료를 그대로 제시하는 전형적인 과제를 마친 후, 오뷔송 드 카바를레는 소신이 깃든 결연한 자세로, 현존하는 통계로는 "일부층(즉 외곽 지역) 미성년자들에게 고유하게 일어나는 새로운 범죄 형태의 출현이라는 가설"은 단언할 수도 확인할 수도 없을 뿐만 아니라, "신중치 못하게 일부 청년 집단들로 대표되는 '도시 외곽 폭력'을 제목으로 뽑아 가상의 새로운 불법 집단을 만들어내서는 안 된다"고 결론짓는다. 하지만 바로 이 도시 외곽 폭력의 폭발이 리오넬 조스팽 정부가 시도한 빈민 사법 처리의 동인 혹은 구실이 된 셈이다. 이 '도시 외곽 폭력'이라는 카테고리가 통계적으로 무의미한 것은 다 아무렇게나 섞어버렸기 때문이다. 즉 법무부 장관은 임시 구류 제한 조치를 고려하지 않기 위해 즉각 출두 영장을 받은 개인들을—임시 구류(매해 4만 명)의 절반이 빈민가 및 '추방지'나 다름없는 소외된 외곽 지역 거주자들이다—방편으로 내세웠다.[67] 가장 가진 것 없는 자들에게, 법에 기록된, 그것도 좌파 의원들이 만든 법에 의해 기록된 이 강력 '구치 우선권'을 부여한 것이다.

여기서 심각하게 생각해볼 것이 있다. 만일 좌파 여당 의원들이 연구 보고서를 세심히 읽는 수고를 들여 그것이 내포하는 의미를 꿰뚫어보았다면(알다시피 현재 우파 여당은 이 보고서를 더 잘 '소비적'으로 활용하고 있다), 아마 이 백해무익한 사이비 토론을 하는 나라가 되지는 않았을 것이다. 사실상 젊은이들을 백 명 더(혹은 더 적다 한들) 구속한다고 무엇이 달라질 것인가? 설령 무엇이 바뀌든 간에 그것은 문제가 될 것이며, 그 문제가 이른바 다음과 같이 명명되는 일만큼은 완강히 막아야 할 것이다. 국가의 경제 문제 포기, 도시 외곽 문제 포기, 규제 완화 정책으로 인한 불평등의 심화와 임금 및 사회복지수당의 불안정.

프랑스의 이 미국 전문가는 내무부 안뜰에서[68] '방기 지역'이라는 게토의 미국적 신화를 프랑스 식 공공임대주택logements sociaux 집단촌에 갖다 붙이고(게토와 이 공공임대주택촌은 아무 상관이 없다),[69] 프랑스 행정 당국이 만들어낸 픽션인 소위 '문제 지구'에 뉴욕과 시카고 식의 게토 개념을 억지로 집어넣었다. 서로 다른 두 나라의 국가적 선先개념을 교차시켜 이중 투사한 것을 가지고 새로운 개념을 만들어내는 꼴이다. 바로 여기서 분석의 분석을 위한 연속 저울 시리즈가 나온다. 미국적 개념을 비교 분석을 위한 하나의 참조 요소로 놓는 것이 아니라, "도시 외곽 폭력"의 "기염을 토하는 상승" 문제를 당장 정치적·미디어적 테마로 만들어 안전 문제를 다시 정의하는 분위기를 만들고, 미국 정책을 그대로 모방하거나 혹은 예방을 위한 모델로서 도입하겠다는 의지다.[70] 처음에는 수렴의 스펙트럼 정도에 영향을 주던 미국의 사례가 이제 공포심을 유발하고("게토라니! 그런 것은 절대 우리 프랑스에 없어야 한다!"), 각종 발언들을 더 극적으로 만들어 전 구역에 경찰 공권력을 투입하게 만들었다. 이제 '시민 주도권'이라는 토크빌의 노래를 더욱 찬양하는 일만 남았다. 프랑스에 미국식 치안 유지를 위한 지역적 기술을 수입하겠다는 것이다. 더 나아가 이런 수입 행위를 전 세계적 차원으로 끌어올리겠다는 것이다. 그 명분인즉슨, 세계화 덕에 모든 지구촌 주민들은 민주주의를 지키기 위해 저항하고 노력하는 공동의 시민 정체성을 갖게 되었기 때문이다. '사회 실험실로서의 도시' '외곽 도시의 쟁점' 그리고 '프랙털 세계의 연산수행적 범죄' 등과 같은 ―진정한 학자로 거듭나려고 이런 어려운 말과 주제를 택하나?― 시앙스-포 학생들의 논문 등에서 여러 번 다루어진 테마의 용어를 가지고 이 저자는 웃지도 않고 너무 진지하게, 그 대본은 "프랙털(자기유사성을 갖는 기하학적 구조-옮긴이)에 관한 만델브로의 수학적 이론에서" 차용했음을 밝힌다. 그리고 맨해튼연구소 런천 포럼에서 막 나온 듯한 결론을 밀어붙인다. "심성의 변화"를 더디게 해줬던 "프랑스 식 절대 왕정의 힘"에도 불구하고, "바야흐로 여당은 점진적으로나마 명백한 결론에 이르렀다. 문제가 임박하기 전에 처리하는 기술이 개발되어야 한다. 미성년 범죄를 막기 위해서는 경찰력이 강화되어야 하고, 경찰 연수도 집중 보강되어야 한다. 부모들도 사법적으로 책임을 져야 한다." 미성년 범죄 행위에 대해서는 "체계적으로, 신속하게, 눈에 확연히 드러나는"[71] 제재를 가해야 한다. 이제 뉴욕, 런던, 파리가 공유하는 자명한 법칙은 다른 유럽 도시들과도 공유되었다. 남들 다 따라 하는데 자기만 안 할 수 없는 식으로, 이웃 나라와 보조를 맞춰야 하는 상황이었다. 심지어 스웨덴 같은 나라도 톨레랑스 제로를 모른 척할 수 없었다.

사회복지국가(그리고 경제국가) 역할은 사임하고, 지난날 프랑스 근대화를 위해, 프랑스 자본주의를 위해 희생을 다한 노동자들을 보살피기는커녕 형벌하겠다고 나선 것이다. 그리고 이 고육지책의 정책을 합리화하기 위해 "불안에 직면한 도시들" 따위의 말을 만들어냈으니, '치안 부재' '반사회적 행동'('비시민성') '도시 폭력' 등을 다루어 최근 성공한 다른 책들처럼 이 책 역시나 설명한다고 하면서 정작 진짜 설명은 하지 않는다. 그런 현상이 왜 생기게 되었는가를 분석하기보다 실업 및 비고용, 불안정 고용 등의 보편화를 야기하게 만든 치안력 강화, 형벌 정책 강화 등의 정당성을 설명하는 데만 주력한다.

지난 20년간 선진 자본주의 국가에서 압승을 거둔 신자유주의 경제 정책의 확장에 따라 소위 '워싱턴 합의Washington consensus'라는 표현이 일사천리로 통하고 있음은 다 아는 사실이다. 채무국(최근 러시아와 아시아의 실태에서 보듯)에 원조를 해주는 조건으로, 국제기금 임대인이 '구조조정'이라는 강력한 무기를 휘둘러 생긴 그 끔찍한 결과들을 보라! 긴축예산, 감세, 공공지출 삭감, 민영화, 자본의 특권 강화, 금융 및 외환 시장 개방, 고용 유연화, 사회보장비 삭감.[72] 그러니 이제 이런 정책들의 논리적 결과물인 사회적 소외, 불안을 만들어내는 요소들에 대한 강력한 형벌 조치를 총괄할 때가 된 것이다. 미테랑 사회당 정부가 1980년대 중반 '시장에 복종'이라는 전 세계적 합의 명분을 따름으로써 좌파의 깃발을 슬쩍 내리는 결정적인 역할을 한 데 이어, 리오넬 조스팽 정부 역시나 좌파라는 보증금을 내주며 치안 정책으로서의 빈민 구치를 일반화하는 전략적 입장을 취하고 만 것이다.

제2부

유럽이 왜
복지국가를 포기하고
형벌국가를 추구하나?

대서양에서 날아온 형벌 바람이 이 구대륙을 강타한 것은 전후 호시절을 보냈던 유럽 정치 엘리트, 기업가, 여론 조성자 들이 오늘날 미국의 경제적 일취월장을 부러워해서이기도 하다.[1] 대량 실업에서 탈출한 미국 번영의 열쇠는 '작은 국가—단순한 게 아닌—에 있다고 보았다. 미국—그 이후 영국, 뉴질랜드—은 사회비용 지출을 줄이고, 노조를 사실상 거의 없애고, 신나게 고용 및 해고 규제 법규를 완화했다. 그리고 수위 진정한 고용 기준을 만들고 나아가 시민성을 회복시킨다는 취지로 복지 수급자에게 노동을 강제하는 일명 근로복지Workfare 프로그램을 도입했다.[2] 복지국가의 신자유주의 정책 지지자들은 이러한 '고용의 유연화'가 어떻게 부의 생산과 고용의 창출을 고무하는지 강조하기를 좋아한다. 반면 그것이 암시하는 '사회적 덤핑'의 파괴적 결과들은 잘 언급하지 않는다. 이를테면 부의 성장 한복판에서 나타나는 대량 빈곤, 수입 불안정, 두루 편재하는 사회적 불안, 차별, 범죄, 공영 기관의 약화, 불평등의 강화.

가끔 너무 빨리 이런 사실을 잊는다. 미국의 공식적인 빈민 수가 3천 5백만 명이고, 이 숫자는 서구 유럽의 2배, 3배라는 것을. 우선 빈곤 아동이 가장 큰 타격을 받고 있다. 6세 미만 아동 다섯 명 중 한 명이 절대빈곤 속에서 성장하고 있으며, 흑인 아동은 두 명 중 한 명이 그렇다. 공식적으로 극빈층으로 분류되는 인구는, 즉 연방정부가 정한 '빈곤라인'(해가 갈수록 이것도 계속해서 낮아지지만)의 절반도 안 되는 수입을 가진 인구는 1975년부터 1995년 사이에 2배로 증가해 1천 4백만 명에 달하며, 나머지 다른 국가들과 비교해 그 차이는 더욱 벌어졌다.[3]

이 '하층' 미국인들은 결코 국가의 지원을 기대할 수 없다. 빈곤 가정에게 갈 사회비용 지출이 산업 대국(호주와 남아프리카공화국에 이어) 가운데 가장 적다. 1973년 이후 최저치다. 모자가정지원AFDC은 1975년과 1995년 사이 실질 가치로 따져 47퍼센트가 하락했다. 그 수급률은 이 기간 초만 해도 적어도 3분의 2는 되었는데, 편부편모 슬하 가정은 2분의 1로 줄었다. 1996년 이 프로그램은 5년 조건 상한제로 대체되었으나 별다른 일자리도 창출되지 않았고, 보조금 예산의 5분의 1이 삭감되었다. 국민 건강에 관한 한 다른 경쟁국보다 더 많은 비용을 지출하고 있는 미국이지만, 미국인 5천만 명(아동 1천 2백만 명)이 의료보험 혜택을 받지 못하고 있고, 3천만 명이 결식 혹은 만성적 영양결핍을 겪고 있다. 7백만 명이 거리에서 살고 있거나 일정한 주거지가 없다. 연방정부가 사회공영주택에 충당하는 연방예산 비용은 1980년대 10년

동안 80퍼센트나(인플레이션을 고려하지 않고) 줄어들었다.[4]

국내 미디어와 온순한 그 외국 지사들이 보여준 이상적 이미지와는 달리 불운한 미국인들은 삶의 조건을 개선하기 위해 고용 시장에 의지할 수도 없다. 절망한 실업자, 비정규직, 저임금 노동자 들('구직 인구' 통계에 반영되기 위해서는 한 시간만 일해도 충분하다)을 고려하면, 실질 실업률은 노동부의 증언으로도 4퍼센트가 아니라 8퍼센트에 가깝고, 대도시 소외 지역에서는 거의 30퍼센트에서 50퍼센트에 육박한다. 게다가 저임금자 3분의 1의 1년 봉급은 4인 가족 기준으로 1만 5천 150달러밖에 안 된다. 공식 빈곤 라인을 넘기에는 역부족이다. 1997년 최저 임금은 화폐 가치를 고려해 1967년보다 20퍼센트나 낮다. 시간당 보수는 1979년과 1995년 사이 생산 부문은 16퍼센트, 서비스 업종은 12퍼센트 낮아졌다. 일자리 창출은 순전히 양적으로만 보면 나아진 편이지만, 비숙련 노동자를 반영하지 않은 결과다. 이들은 다른 유럽 노동자들에 비해 평균 44퍼센트나 적게 번다. 또한 그 대부분이 의료보험이나 퇴직 연금 혜택을 받지 못하고 있으며(의료보험은 3분의 2가, 퇴직 연금은 5명 중 4명이), 1년에 평균 5주를 더 일한다.

요컨대 지난 20년간 부의 성장 과실은 극소수 특권층이 독점한 것이다. 1979년과 1996년 사이 발생한, 가히 천문학적인 잉여 소득의 95퍼센트는 미국인 1백 명 중 5명에 해당하는 최고 부유층의 지갑으로 들어갔다.[5] 문화유산처럼 되어버린 봉급과 수입의 불평등은 경제 대공황 이래 오늘날 최고 수준이다. 1998년 미국 기업의 대표는 1990년보다 6배나 증가한, 연봉 1천 1백만 9천 달러를 버는 반면, 노동자 중간급은 물가 상승을 감안, 28퍼센트 오른 2만 9천 267달러다. 오늘날 기업 대표들은 블루칼라보다 419배를 더 버는 셈인데, 이는 지난 10여 년 전 42배를 벌었던 것에 비하면 엄청난 상승이다(이와 같은 임금 격차는 가령 일본에서는 20배가, 영국에서는 35배가 난다).[6] 미국 경영진의 소득은 특히 '스톡옵션' 덕에 그 최고치에 오른 것이다.《비즈니스 위크》《월스트리트 저널》같은 자본주의의 첨병인 언론조차 기업 간부들의 탐욕과 지나친 부를 비판했을 정도다.

미국의
복지국가와 형벌국가

이것만으로는 미국이 세계에 그 모델로 제시하는 사회 불안 체계의 사회적·인적 비용이 다 헤아려지지 않는다. 사회적 보충 논리가 필요하다. 사회적 열등 지역에 더 튼튼하고 꽉 조여진 치안 및 사법적 '저인망dragnet'을 확대해 나가면서 '안전망safety net'의 열세를 메울 만한 다른 제도들을 비약적으로 발전시킨 덕분이다. 형벌국가의 비대는 사회복지국가의 쇠퇴와 상응하는 탓이다. 한쪽의 빈곤과 침체가 다른 쪽의 번성과 '무례한' 성장의 직접적 요인이 되었다. 1970년대 시작된 사회적·인종적 격변 이후 미국 형벌 제도에 5가지 주요 특징이 나타났다. 이런 사회적 변화는 흑인 저항 운동 및 시민 대중 운동이 기폭제가 되어 민주주의가 더욱 진일보한 데 따른 결과다. 1970년 앞뒤 10여 년 동안 학생운동, 베트남전 반대 운동, 여성운동, 환경운동, 사회복지 운동 등이 거세게 일었다.[7]

수감자 수가 폭발적으로 증가하다

첫 번째 경향은 3단위 미국식 교도 체제, 즉 미 50개 주 중앙교도소, 연방교도소, 시 단위 구치소 등에 수감된 인원의 급증이다. 1960년대 미국의 수감 인구는 규칙적으로 완만하게 1퍼센트 정도의 감소율을 보이면서 1975년 38만 명까지 떨어졌다. 당시는 '탈脫감옥', 대체 형벌 혹은 '위험 범죄자'(범죄자의 15퍼센트) 정도만 수감시켜야 한다는 등의 논의가 한창이었을 때다. 형무소의 쇠락 같은 말은 나올 수도 없었다. 가령『감옥 없는 나라A Nation Without Prisons』[8] 같은 유토피아적인 책 제목만 봐도 당시 형벌 문제 전문가들의 '무드'가 읽혀진다. 그런데 하강하던 수감 인구 곡선이 갑자기 방향을 바꾸어 상승, 비상한다. 10년 후 수감자 수는 74만 명으로 뛰었다가 1995년 1백만 5천 명을 넘어서 1998년 2백만 명에 이른다. 1990년대만 8퍼센트에 가까운 연간 평균 성장률을 보였다.[9] 2백만이라니. 미국의 이 수감 인구는 미국에서 4번째로 큰 도시의 인구 수와 맞먹을 정도다.

수감 인구가 15년 동안 세 배로 늘어난 것은 그 어떤 민주사회에서도 볼 수 없었던 이례적인 현상이다. 더욱이 범죄 건수가 거의 일정하다가 서서히 감소하던 기간 이런 놀라운 실적을 보인 것을 생각하면 말이다.[10] 수감률이 1997년 10만 명당 약 650명을 기록하면서 다른 유럽연합 국가들보다 6배에서 많게는 12배나 높다(〈표 1〉을 볼 것). 다른 어떤 선진국들보다 몇 발이나 앞선 셈이다. 30년 전만 해도 미국의 수감률이 다른 유럽 국가들보다 1~3배 정도 많은 것에 불과했는데 말이다. 다음 표에 나와 있지는 않지만 러시아는 소비에트 제국 붕괴 후

〈표 1〉 미국과 유럽의 수감률(1997년)

나라	실제 수감자 수	인구 10만 명당 수감자 수
미국	1,785,079	648
포르투갈	14,634	145
영국	68,124	120
스페인	42,827	113
독일	74,317	90
프랑스	54,442	90
네덜란드	13,618	87
이탈리아	49,477	86
오스트리아	6,946	86
벨기에	8,342	82
덴마크	3,299	62
스웨덴	5,221	59
그리스	5,577	54

＊자료 출처: 미국에 대해서는, Bureau of Justice Statistics, *Prison and Jail Inmate at Mid-Year 1998*, Washington, Government Printing Office, mars 1999. 유럽연합에 대해서는, Pierre Tournier, *Statistiques pénales annuelles du Conseil de l'Europe, Enquête 1997*, Strasbourg, Conseil de l'Europe, sous presse.

2배로 늘어나 10만 명당 750명에 가까웠다. 수감률 세계 챔피언 자리를 놓고 러시아와 미국이 다투는 형상이다.

교육 및 의료에서 국가의 옛 리더 격이었던 캘리포니아가 '감옥 만능' 정책으로의 전환 이후 국립교도소에만 기록된 수감자 수가 1975년 1만 7천 3백 명에서 1985년 4만 8천 3백 명, 13년 후 16만 명을 넘어섰다. 만일 여기에다 세계 교도소 건물 중 가장 큰 로스앤젤레스 감옥의 실제 정원 2만 3천 명을 더한다면 거의 20만 명이 수감되어 있는 셈으로, 프랑스 수감자 수의 4배에 이른다. 1980년대 골든 스테이트(Golden

State: 캘리포니아 주의 애칭-옮긴이)는 "역사상 가장 큰 감옥 건설" 프로그램으로 10여 년간 21개의 새로운 형무소를 개소했지만, 수감자 수는 경계주의보 수위에 이르는, 점유율 2백 퍼센트를 육박하는 과밀을 보였다. 최근 형무 시설에 관한 한 보고서는 캘리포니아 형무소 수감 상황을 1972년 죄수 폭동 전야의 아티카 형무소(그 처참한 상황 때문에 폭력의 상징이 된)의 상황에 비유했을 정도다.

다른 도시도 마찬가지지만, 캘리포니아 수감자 수의 급증은 경범죄, 특히 약물 중독자가 전체 수감자의 4분의 3이나 되어서다. 주류 정치권과 언론에서 하던 말과는 달리 미국 감옥은 위험한 강력범들로 꽉 차 있는 것이 아니라 일반 잡범들, 즉 절도, 혹은 공공질서 단순 교란범들이 대부분이다. 이들은 거개가 노동자 계층, 특히 급여와 생활보조금이 결합된 변형 제도로 인해 심한 타격을 받은 대도시 유색인종 무산계급들이다. 1998년 미국 구치소 및 형무소에서 비폭력 사건으로 수감된 인구 수는 1백만 명이라는 상징적 한계선을 넘었다. 입소자 열 명 가운데 여섯 명이 흑인계 혹은 라틴계다. 절반 미만가량이 풀타임 일자리를 가지고 있었고, 3분의 2가 빈곤 라인의 반도 안 되는 수입이었다.[11]

저인망 감시 체제라는 또 다른 형벌 장치의 강화

이 세기말의 '대감금'이 미국 형무 제국의 기이한 확장에서만 역량을 발휘한 게 아니다. 집행유예(보호관찰)를 선고받은 자들이나 형의 대부분을 치른 후 가석방된 자들은 셈에 넣지 않았다. 교도소의 부속

실 및 대기실을 다녀간 인원 수가 감방 벽에 웅크리고 앉아 있는 인원 수보다 더 급격히 증가한 터라, 끝없이 유입되는 수감자들을 다 소화할 만한 교도소 공간도 부족했다. 재소자 수가 1997년 4백만 명에 달했으니 16년 동안 4배나 증가한 셈이다. 보호관찰이 3백 26만 명에 가석방이 68만 5천 명이다. 오늘날 미국인 5백만 7천 명이 '사법부 손아귀'에 있는 셈으로, 이 수는 18세 이상 성인 남자의 5퍼센트에 육박하고, 흑인 5명 중 한 명에 해당한다.

한편 소위 중간형中間刑이라 할 가택 혹은 훈련소Boot camp형, 집중 보호관찰제, 전화 혹은 전자(팔찌나 다른 전자 제품) 감시 체제, 범죄정보 은행, 10배는 강화된 인원 및 수단, 원격 통제소 등 형무 제도는 질적인 면에서도 더욱 진일보했다. 1970~1980년대 범죄와의 전쟁—이후 정치인들의 인기 선거 공약이 된—을 활성화하기 위한 연방기관인 '법집행관리국Law Enforcement Administration Agency'의 지도 아래 50개 주 경찰, 재판소 및 형사기관 들은 중앙정보자료은행을 구축하였고, 시스템을 계속 발전시켜 나갔다.

형벌 장치로서 '체포'와 '감시'라는 두 기능 간의 새로운 시너지의 결과로,[12] 오늘날 약 5천 5백만(지난 10년 전에는 3천 5백만 개였다) 개의 '범죄 파일'이 존재하게 되었다. 이 파일은 약 3천만 명의 개인을 조사한 것으로, 남자 성인 인구의 약 3분의 1에 해당한다. 이 자료 은행은 FBI, INS(외국인관리담당경찰) 같은 공공 행정기관이나 사회 업무 단체 만이 아니라 어떤 경우에는 개인이나 사조직도 열람할 수 있었다. 이 '전과 기록Rap Sheets'은 가령 고용주들이 구직자들 가운데 전과자가 있으면 탈락시키는 데 활용하기도 했다. 그런데 거기 나와 있는 정보들은 흔히 부정확하고 이미 옛날 기록이거나 시시콜콜한 것, 사생활을 침해하는 불법적인 것들이 대부분이었다. 회람 자료에는 범죄자들, 단순절도 용의자들에 관한 것만 있는 것이 아니라 그들의 가족 및 친구, 이웃 등 경찰 및 형사 기관의 조준망에 포착되어 있는 모든 대상이 망라되어 있었다. 더욱이 12개 주는 이 자료를 공개했다. 그 가운데 일리노이 주, 플로리다 주와 텍사스 주는 인터넷 사이트를 통해서까지 이 자료를 공개함으로써 최소한의 통제나 증명서 없이도 누구나 전과자들의 범죄 기록을 볼 수 있게 만들었다.

또한 사진과 디지털식 지문이 기본이었던 옛날 파일들을 유전자 감식 파일로 대체시켰다. 1998년 10월 FBI는 공식 금고형을 선고받은 10만여 명의 DNA 파일이 담긴 전국자료은행을 가동시켰고, 곧 이어 연방형무집행부가 채취한 타액과 혈흔 표본도 모두 이곳에 집어넣었다. 치안 질서의 메카로서 그 세계적 명성을 유지하기 위해 기발한 묘안을 짜는 데 온 신경을 곤두세우고 있던 뉴욕 경찰국장의 제안에 따라 1999년 봄, 법무부 장관 제닛 레노는 범죄자 유전자 파일 확대 방안을 위한 '유전자증거미래위원회'라는 범정부 전문가 단체를 조직, 경찰이 체포한 1년에 약 1천 5백만 명에 달하는 자들의 자료를 확보했다.

이제 빈민 범죄자들을 양적으로나 질적으로나 체계적으로 무력화하는 작업만 남았다. 불안정 고용의 증가와 사회보장금 축소로 삶이 더 불안정하게 된 노동자 계급의 범법 행위에 대해 포승줄을 더욱 조이는 것이었다. 거의 전무한 사전 석방, 가석방 제도의 변화 등으로 재소자는 사회에 재통합되는 것이 아니라 다수의, 고도의 감시 체계 및 좀스러운 훈육(특히 마약범들의 주週 단위 추적 적발이 보호관찰 요원의 주요 활동이었다) 밑에서 옴짝달싹 못하게 되었다. 캘리포니아에서는 가령 가석방되었다가 다시 쇠창살 안으로 돌아간 전前 수감자들 수가 1980년 2천 995명에서 1996년 7만 5천 4백 명에 이르렀다. 이 엄청난 수의 대부분(5만 8천 명)이 석방 조건을 불이행한 데 따른 행정 단순 철회 결과다. 1985년과 1997년 사이 가석방 기간을 무사히 통과한 자들 수가 70퍼센트에서 44퍼센트까지 떨어졌다.[13] 이것은 지난 1970년대의 모토였던 '재건'을 포기한 것으로 해석된다. 다시 말해 신新형무제를 구축하는 것이다. 신형무제의 목표는 더 이상 범죄를 예방하거나 범죄자들을 일단 형을 치르게 한 다음 사회에 다시 복귀시키는 것이 아니라, 위험하다고 파악되는 집단을 격리시키고, 그 가운데서도 가장 사회 이탈적인 구성원들을 완전 무력화시키는 것이다. 행동 양태만 보고 표준적 조사를 함으로써 이들을 '사회적 쓰레기'로 간주, 그 재처리를 요구하거나 오퍼레이션 리서치(과학적·수학적 조사 연구에 의한 경영 계획-옮긴이) 식으로 확률 방정식을 풀듯 위험 요소로 간주된 자들을 처리한다.[14]

국민이 낸 세금으로 감옥을 짓는 데만 몰두하는 정부

이 감옥 헛헛증의 결과는? 연방 및 지역 형무소의 급격한 팽창이다. 이 세 번째 경향은 공공 사회복지 분야가 절대 궁핍의 시대를 겪는 동안 확고해진 일이라 더 주목할 만하다. 1979년과 1990년 사이 국가 형무 분야 지출은 운영비조로 325퍼센트, 시설비조로 612퍼센트 팽창했다.

연방 군사비보다 세 배나 빠른 성장세다. 특히 로널드 레이건과 조지 부시 정부 때 그 이례적인 특혜를 누렸다. 1992년부터 4개 주가 형무 비용에만 10억 달러 이상을 썼다. 캘리포니아(32억 달러), 뉴욕(21억 달러), 텍사스(13억 달러), 플로리다(11억 달러). 1993년 미국은 형무 행정비로 사법 행정비의 150퍼센트 이상을 지출했다(210억 달러 대비 320억 달러). 이 두 행정 예산은 10년 전에는 동일(각각 70억 달러)했다. 1985년 이후 형무 집행 예산이 매해 '모자가정지원AFDC' 및 '빈곤가정 식비보조Food Stamp' 등 사회복지 주요 프로그램에 배당된 총액을 훨씬 웃돌았다.

이러한 형무소 확대 정책은 비단 공화당 정부의 전유물만은 아니다. 지난 5년 동안 빌 클린턴은 큰 정부 시대를 종결시킨 자긍심을 만방에 알렸다. 차기 후보자로 기대되었던 앨 고어의 지휘 아래 연방개혁위원회는 공공복지 및 일자리 창출 프로그램을 전정剪定하는 일을 맡았고, 213개 교도소 신축(민영 감옥이라는 영리 사업으로 더욱 번성하게 된 사설 교도소들은 제외하고) 사업을 지원했다. 같은 시기 국립·연방 1개 교도소에 고용된 직원은 26만 4천 명에서 34만 7천 명으로 늘어났고, 그 가운데 교도관만 22만 1천 명이다. 교도소 전체 근무자는 1993년 60만 명 이상으로, 사업장 단위 직원 수로 세계에서 첫 번째 기업인 제너럴 모터스, 두 번째인 세계적 유통기업 월마트의 뒤를 이어 세 번째다.[15] 인구조사국에 따르면 감옥 교도관 채용 및 연수가 정부의 10여 년 활동 가운데 가장 빨리 성장한 분야다.

캘리포니아 교도소 집행 예산은 1975년 2억 달러였던 것이 1999년 43억 달러로 껑충 뛰어올랐다(숫자를 잘못 쓴 것이 아니다. 22배 이상이다!)
1994년 이후에는 한동안 국가의 가장 소중한 보배로 통했던 공립대학
의 예산도 뛰어넘었다. 로널드 레이건이 백악관에 들어갔을 당시, 캘리
포니아 교도소 교도관은 고작 6천 명이었다. 골든 스테이트 교도소 내
공무원은 오늘날 4만 명 이상으로, 거기다 71개 지역 131개소에 할당된
가석방자 10만 7천 명을 감시하는 역할을 맡은 보호관찰 요원 2천 7백
명을 더해야 한다. 이들의 평균 연봉은 1980년 기준 1만 4천 4백 달러
였다. 지금은(1999년) 5만 5천 달러로 인상되어 캘리포니아 대학 전임
강사보다 30퍼센트를 더 받는 셈이다. 10여 년 동안 캘리포니아는 감방
을 새로 짓고 보수하는 데 53억 달러를 쏟아 부었다. 이에 부채만 10억
달러 이상이다. 새 교도소들은 평균 4천 명의 수감자를 위해 2억 달러
의 비용을 지출했고, 1천여 명의 교도관을 고용했다. 그러느라 주 당국
은 계속해서 늘어나는 대학생 정원을 충당하기 위해 오래전부터 약속
한 새 캠퍼스 신축 예산은 확보하지 못하고 있다.

대기업 및 고위층 감세로 인해 세수가 부족했던 시기에 이루어진
교도소 직원 증원 및 예산 증가는 저수득층 생활보조비 및 의료, 교
육 복지비 절감이 아니면 불가능했다. 이런 식으로 국가 형무 예산은
1979년과 1989년 사이 상시적으로 95퍼센트 증가했다. 병원 의료
예산은 정체, 고등학교 예산은 2퍼센트 감소, 사회보장 예산은 41퍼
센트 감소했다.[16] 미국은 무료진료소, 유치원, 학교보다는 그들의 빈
티 나는 감옥과 유치장을 새로 짓는 편을 선택한 것이다. 10여 년 동

안(1988~1998) 뉴욕 주는 형무비 지출이 76퍼센트 늘어났고, 대학 교육비 지출은 29퍼센트 줄어들었다. 달러 순 총액으로는, 뉴욕 주립대학 예산이 6억 1천 5백만 달러라면, 형무소 예산은 7억 6천 1백만 달러에 이른다. 게다가 만일의 구치가 생길 경우를 대비해 긴급 신축한 3천 1백 개 감방에 들어간 별도 비용 3억 달러를 합하면 거의 10억 달러에 이른다.[17] 캘리포니아의 경우, 이 두 예산의 상승과 하강 곡선은 정확히 1994년에 교차한다. 공화당원 조지 파타키가 주지사에 당선된 해다. 사형 제도의 재시행과 함께 그가 우선적으로 처리한 일은 연간 대학 등록금을 750달러 인상함으로써 다음 학기 때 등록 학생 수를 1만 명 이상 줄인 것이다.

반면 빈곤과의 전쟁 정책으로 대량 구속에 드는 재정 부담은 한없이 늘어났다. 수감 인구의 지속적인 팽창과 노화로 수감에 드는 단위 비용이 터무니없이 올라갔다. 캘리포니아에서는 한 수감자에 드는 비용이 1년에 2만 2천 달러로, 4인 가족에 부과되는 기초생활보조수당의 3.3퍼센트에 해당한다. 그리하여 수감자 관리 비용을 줄이기 위한 4개 작전이 개시되었다. 첫 번째는 교육, 스포츠, 여가 및 오락 등 재소자들의 사회 재편입을 위한 각종 활동(캘리포니아에서는 형무 예산의 5퍼센트도 안 되는데, 그 적정 수준조차 이미 감축했다) 비용을 제한, 삭제함으로써 교도소 내 서비스 수준을 대폭 낮춘 것이다.[18] 두 번째는 교도관 업무 및 생산성을 개선하기 위한 비디오, 정보통신, 바이오메트리(수명측정기), 원격 의료 등의 기술 혁신을 꾀한 것이다. 세 번째 전략은 수감 비용의 일부를 재소자 및 그 가족한테 전담시키는 것이었다. 이제 20여 개 주와 10여 개 지자체는 각 수감자들에게 구속 청구서를 발송하고, 각종 행정 서류비를 수거하고, 식사비를 지불시키며, 의료비를 부과하고, 각종 시설 서비스(세탁장, 작업실, 전기, 전화 등) 사용료를 내게 했다. 어떤 교도소에서는 형무 기간 동안 제 몸 하나 보호하느라 진 빚을 내라고 형기 만료자들을 다시 법정에 세우는 일도 서슴지 않았다.

네 번째 기술은 바야흐로 각광받는 미래 산업으로, 교도소 내 대량 비숙련 노동 작업장을 만드는 것이었다. 분명 이러한 최저임금 노동은 미국 형무소 내에 존재했다. 마이크로소프트, TWA, 보잉, 코니카 같은 유명 기업들은 기업에 부정적 이미지가 생길 것을 우려해 대신 하청 기업을 통해 재소 노동을 빈번히 요청한 바 있다.[19] 하지만 형무 산업에 적용되는 엄격한 법적 지침을 이유로 15명 중 한 명의 수감자만 재소 노동을 할 수 있었다. 그러나 최근에 나온 여러 법적 제안들은 이러한 제한 조치를 철폐하자고 주장한다. 많은 전문가들은 교도소 임금노동을 아주 중요한 경제적 지층으로 보며 더욱 육성해야 한다고 주장한다. 더욱이 워크페어(근로복지)와 연관된 노동 의무를 교도소 외부 빈자들에게 부여한 터에, 교도소 내부 빈자들에게 부여하는 것은 당연한 논리였다. 복지국가에서 형벌국가로의 전환에 드는 막대한 비용을 절감하기 위한 세 번째 방안은 사회복지 정책의 긴축을 가져온 상업주의 이데올로기를 더욱 파급시키는 것이다.

민간 교도소, 각광 받는 산업이 되다

재소 노동은 형무 민간 산업의 비약적 발전을 가져왔다. 1983년 탄생한 이 산업은 이미 수감 인구(1990년에는 겨우 1만 5천 명이었던 것이 1998년에는 13만 2천 명이나 되었다. 〈표 2〉 참조)의 7퍼센트 가까이나 되었다. 45퍼센트에 이르는 연간 성장률을 보이므로 이 추세대로라면 5년 이내에 세 배 증가하여 35만 명 가까이 될 것으로 예상되었다(프랑스 수감 인구의 7배). 17개 회사가 텍사스, 캘리포니아, 플로리다, 콜로라도, 오클라호마와 테네시 등 국가 주요 주에 분포된 140여 개 건물을 소유했다. 일부는 기존 교도 시설을 유지, 운영하는 데 만족한 반면 구속에 필요한 모든 설비 및 서비스를 새로 갖춘 교도소들도 있었다. 설비 및 재정, 건설, 관리, 보험, 피고용인 채용 및 모집, 전과자들의 감방을 위한 임대업까지. 어떤 곳에는 재소자가 넘치고, 또 어떤 곳에서는 빈 감방이 넘쳤다. 각 주들 간에 수감자 전입 전출 시장이 번성했다.

미국교정연합Corrections Corporation of America, 코렉셔널 서비스 코퍼레이션Correctional Services Corporation, 세큐리커(Securicor, 런던에 본부를 둠), 왜켄허트Wackenhut 등의 민영 교정 회사들은 주식 시장에 진입했고, 교정 산업은 월스트리트의 기대주가 되었다. 공영, 민영 형무소 시장 재정 규모는 40억 달러에 이른다. 1996년 단 한 해 동안 26개 연방 감옥 및 96개 국가 형무소가 건설되기 시작했다. 이 분야 소식지인 《교정업계뉴스Corrections Building News》는 1만 2천 부를 발행한다. 형무 산업의 이익을 도모하기 위해 1870년 창립된 반민영업체 미국교정연합이 매년 5일간 여는 대규모 '감옥 견본시장'에는 교도 산업 전문가들 및 관련 종사자들이 대거 모인다. 650개 이상의 회사가 1997년 8월 오를랜도 살롱전 때 각종 교도 상품 및 서비스를 전시했다. 진열장에

<표 2> 미국 민영 형무소 수용 인원 수

연도	수감자 수
1983	0
1988	4,630
1993	32,555
1998	132,572
2001*	276,655

*자료 출처: *Private Adult Correctional Facility Census: Twelfth Edition*, Gainesville, Center for Studies in Criminology and Law, University of Florida, 1999.

전시된 품목들로는 특수 수갑, 공격용 무기, 자물쇠, 철통 같은 쇠창살, 감방 내 가구, 내화성 간이침대, 세면대, 화장대, 찬장, 구속 의자 및 (말 안 듣는 재소자들을 감방에서 빼내기 위한) "적출복", 고압 전류 철책, 마약 중독자를 위한 해독 프로그램 및 청소년 수감자를 위한 '정신 재무장' 프로그램, 전자 감시 시스템, 최신형 전화, 탐지 및 신원조회 장치, 행정 정보 및 사법 정보 처리 소프트웨어, 결핵 방지 공기청정기, 조립식 감방(예정에 없던 구속자들이 대거 유입되는 경우 이를 흡수하기 위해 오후 주차장에 세워놓는), 교도소 정원에 세워놓는 응급 처치 및 긴급 수술을 위한 의료 차량 등.

교도소 설립을 통해 지역 개발 및 지역사회 경제 발전을 도모할 수 있다는 믿음도 커져갔다. 영락한 농촌 지역을 교도소 기지로 만들기 위해 무슨 노력이든 다 했다. "감옥 유치에 관한 한 '님비 not in my backyard'를 주장하던 시절이 아니었다. 감옥들은 화학 생산품을 사용하지 않으며, 소음을 내는 것도 아니고, 불황기에도 피고용인을 해고하지 않는다."[20] 게다가 고용, 정년, 재정 수입 등이 완전 보장되었다.

감옥은 미국 빈민들을 감옥에 대량 유치함으로써 찬란한 미래를 보장하는 각광 산업이 되었다.

흑인 수감자의 급증

형무소가 급격히 늘어나자 거기에 맞추어 구속 범위도 늘어나야 했다. 수감자 수용 능력이 10배 이상 증가했으니 더 많은 수감자를 확보하기 위해서라도 경미한 범법자까지도 일단 구속하고 보았다. 이런 작전은 우선 가진 것 아무것도 없는 지역에서, 특히 대도시 흑인 구역에서 보란 듯이 수행되었다. 미국 형무제 발전 과정의 다섯 번째 주요 경향은 흑인 수감자들의 지속적인 증가이다. 실제 인구로는 전체 미국 인구의 12퍼센트밖에 차지하지 않는 아프리카계 미국인들이 역사상 처음으로 국가 형무소 신입 재소자들을 대표하게 되었다.

1995년 흑인 성인 2천 2백만 명 중 징역형을 선고받은 흑인이 76만 7천 명, 보호감찰을 선고받은 흑인이 99만 9천 명, 가석방을 선고받은 흑인이 32만 5천 명으로 흑인 성인 인구의 9.4퍼센트가 형사 관리 대상이었다. 반면 백인의 경우 백인 성인 1억 6천 3백만 명 중 1.9퍼센트가 형사 관리 대상으로, 흑인에 비해 다섯 배나 적다.[21] 감옥형을 받은 자의 수만 엄격히 따지면, 백인 대 흑인의 비율은 1 대 7.5이다. 특히 지난 10여 년 동안 흑인 수감자가 급증하면서 심한 격차가 났다. 1985년 10만 명의 성인 가운데는 528명이 백인이라면 흑인은 3,544명, 10년 후에는 919명이 백인이라면, 흑인은 6,926명(〈표 3〉 참조). 평생 동안 흑인 남자 한 명이 1년 이하 징역을 살 확률이 4분의 1이라면, 라틴계

〈표 3〉 흑인 수감자 대 백인 수감자 수의 차이

	성인 10만 명당 수감자 수		
	1985	1990	1995
흑인	3,544	5,365	6,926
백인	528	718	919
차이	3,016	4,647	6,007
백인 1명당 흑인 수	6.7	7.4	7.5

*자료 출처: Bureau of Justice Statistics, *Correctional Populations in the United States, 1995*, Washington, Government Printing Office, 1997.

는 6분의 1, 백인은 23분의 1이다.

범죄학자들이 점잖게 표현하는 대로, 이런 '인종 간의 불균형'은 빈민 형벌 정책의 첫 번째 대상인 청년층에서 더 심각하게 나타난다. 18세 이상 29세 미만 흑인 청년 가운데 3분의 1 이상이 징역을 살고 있거나, 판사의 판결을 기다리고 있거나, 보호관찰 요원의 감시 아래 있거나, 재판정에 서게 될 날을 기다리고 있다. 이 비율이 대도시에서는 특히 2분의 1을 넘고, 흑인 게토 한복판에서는 80퍼센트 이상이다. 미국 형무 제도를 베트남 전쟁 때 쓰던 용어를 빌려 한마디로 표현한다면, 흑인 청년의 '국지화 및 파괴 공작'이다.[22]

사실 흑인과 백인 간의 지속적이고 빠른 격차의 골은 범죄 행위를 하는 흑인과 백인의 기질 차이는 아니다. 그것은 무엇보다 경찰 치안 업무의 근본적인 차별주의에 기인한다. 지난 20여 년 동안 '법과 질서' 정책을 통해 경찰 및 사법부가 취한 행동들은 이것을 증명하고도 남는다. 그 하나의 증거. 마약 소비자의 13퍼센트만이 흑인임에도 불구하고(인구 비율에 상응하여), 마약 관련 위법 행위로 체포된 흑인은 전체의 3

분의 1이며, 구속된 경우는 4분의 3에 이른다. 로널드 레이건 정부 때 요란법석을 떨며 선포된 후 그 후계자들에 의해 계승, 확대된 '마약과의 전쟁'은 초강경 진압책으로의 회귀 및 강화(확정 형량 제도의 일반화, 기준 형량 인상, 세 번째 전과에 대해서는 자동적으로 무기징역 선고, 공공질서 교란자들에 대한 제재 강화 등)를 알리는 신호탄이었다. 바로 이것이 감옥 인구 폭발의 주요 원인 가운데 하나다. 1995년 10명 중 징역형을 선고받거나 계쟁 중인 마약 사범 및 수감자 대다수(10명 중 6명)는 아프리카계 미국인 구역에서 나왔는데, 그 이유는 아주 단순하다. "안정적인 노동자 계층이 사는 구역이나 백인들이 사는 외곽 부자 동네에 비해 사회적으로 비조직적인 동네에서의 체포 행위가 더 수월하기 때문이다."[23]

이 나라가 교육 및 고용에 있어서 인종 차별을 줄여나가기 위한 '소수 민족 우대 정책affirmative action'으로부터 서서히 등을 돌리기 시작한 시점인 것을 감안하면, 이 구속 분야에서는 또 흑인들을 '우대'하면서까지 '차별 선발promotion différentielle'을 하는 아이러니한 장난을 친 셈이다. 그 결과 뉴욕에서처럼 다른 주 단위에서도 유색인종 수감자가 당시 공립대학 캠퍼스에 등록된 유색인종 학생들 수보다 훨씬 많았다.[24] 치안 및 형무 제도를 통해 실상 있지도 않은 흑인 게토 지대를 만들고, 이 지대를 관리, 통제, 처벌하는 부권적 후원감독제를 확대, 강화함으로써 이미 이들에게 사회적 복무의 짐을 안겨준 마당에 또다시 정치적 계산에서 나온 언론 플레이를 통해 유권자의 잠재의식 속에 인종 차별 및 빈민들에 대한 멸시감마저 불어넣었다.[25]

감옥을 통한
빈민 정책

사회복지국가에서 형무국가로의 전환에는 수치적 세부 사항보다 더 문제가 되는 심각한 논리가 있다. 공공 분야를 약화시키는 신자유주의 정책과 궤를 같이하는 최근 미국식 형벌 정책이 이면적이면서도 폭로적인 자기 음화를 갖고 있기 때문이다. 그 음화란 이제 빈민 형벌 정책이 불안정 유동 임금제 및 저임금제를 마치 시민이 져야 할 의무처럼 보편화, 고착화할 것이라는 예고다. 이제 더욱 제한적이고 처벌 위주로 재조정된 사회보장 프로그램이 이와 맞물려 동시에 가동되는 것이다. 19세기 중반은 미국이 각종 제도를 만들기 시작한 시점으로, 이때 징역은 "탈선한, 의존적인 주민들" 및 기본적으로 빈민들이 대부분인 범법자들과 신세계에 막 도착한 유럽 이민자들을 "통제하기 위한 방안"이었다.[26] 오늘날 미국 형무 제도는 봉급제와 국가 자선 정책과 교묘하게 맞물리는 이중 구조를 가지면서 황당할 정도로 많은 초과

다의 일부 집단, 즉 퇴락 일로를 걷는 노동자 집단과 도시 흑인 빈민을 만들어냈다. 정부의 종합적인 빈민 정책에 있어서 중앙의 핵 부분은 이로써 모두 해결된다. 사회적으로 소외된 최저임금 노동 집단을 확보하기 위해 열악한 노동시장과 도시 게토 및 개조된 사회복지제도를 한데 합하는 것이다.

감옥과 열악한 노동시장

첫째, 형벌 체제는 고용시장에서 하층 부류 수를 조절하는 데 직접적인 기여를 한다. 각종 사회적 징수 및 행정적 조치와는 비할 수 없는 더욱 강제적인 방식으로, 그 효과는 두 배로 나타난다. 구직 인구에서 인위적으로 수백만을 강제로 제거하여 실업률을 떨어뜨린다. 둘째, 감옥의 재화와 용역 분야, 일자리가 취약한 감옥 산업 분야에서 오히려 고용이 창출된다(감옥의 민영화로 더욱 고양됨). 실제로 1990년대 미국의 실업률은 형무소들 덕분에 2퍼센트 낮아졌다. 두 대륙 간의 수감률 차이를 조사한 브뤼스 웨스턴과 카트린 베케트의 연구가 보여주다시피, 신자유주의 찬가와는 달리 미국은 지난 20여 년(1974~1994) 중 18년간은 유럽연합보다 더 높은 실업률을 보였다.[27]

웨스턴과 베케트는 감옥이 초만원을 이루는 사태가 빚어내는 이중적 이완의 메커니즘을 보여준다. 만일 노동 공급량을 줄임으로써 고용 상태를 단기적으로 만든다면, 장기적으로는 수백만 명의 인원을 고용할 수 없게 된다. 문제는 그래서 더 심각해진다. "징역으로 미국 실업률이 감소되는 측면이 있으나, 이 비율을 계속 낮게 유지할수록 더욱 팽창하는 형무 시스템에 의존하게 될 것이다." 이래서 대량 투옥의 2차 효과가 노동시장에서 나타난다(웨스턴과 베케트는 거기까지는 예상하지 못했지만). 온갖 궂은일을 도맡아 하는 대량의 노동력을 계속해서 빼냄으로써 종국에는 최악의 열악한 임금제와 변칙적 경제 시장을 가속화한다. 전과자들은 그들의 불명예스러운 사법적 위상 때문에라도 최악의 처우를 견뎌야 한다. 전혀 따질 수가 없다. 전 국토에 걸쳐 30년 사이 형무소 건물이 세 배가 늘어 4천 8백 개 이상이 되었다. 전과 경력 때문에라도 사회 복귀가 안 되는 빈민들은 길거리 자본주의의 동력인 불법 밀매(마약, 매춘, 장물 은닉)에 계속 몸담음으로써 범죄 시장과 감옥 시장은 맞물려 승승장구한다.

감옥과 인종 차별

미국 형벌 정책에 흑인들이 대거 관련되어 있음은 미국의 새 정부가 갖는 빈민 정책의 두 번째 의도를 생생하게, 낯 뜨겁게 보여준다. 탈선적이고 위험하다고 간주되는 집단들을 감금하는 보충수를 둠으로써 게토를 만드는 것이다. 경제 구도에서나 정치 구도에서나 그 나라의 유권자 표밭은 쇠락 일로의 도시 게토가 아니라 윤택한 백인 외곽 주택가에 있다. 멕시코계 이민자나 아시아계 이민자들은 흑인들보다는 훨씬 유순한 편이다. 가난한 흑인들은 거의 투표조차 하지 않는다.

징역 제도는 이런 측면에서 보면 소외 논리의 역설적 표명에 지나지 않는다. 게토는 그 역사적 기원 이래 어떤 도구이자 그 결과물이다. 포드주의 산업경제가 지배하던 반세기 동안(1915~1965) 흑인들은 이 경제 체제에 필수불가결한 노동력을 제공했다. 제1차 세계대전 동안, 이어 흑인 분리주의가 지배하던 남부에서 공업 지대인 북부 대도시를 향해 이주하던 동안, 노예 제도 폐지 후 1백 년이 흘러서야 겨우 투표권을 얻게 된 시민권 쟁취 혁명 기간에마저도 흑인 게토는 내내 '사회 내 감옥' 노릇을 했다. 노동력을 착취당하면서 아프리카계 미국인 집단의 체계적 '도편추방'을 용인하게 만들었다. 1960년대 도시 혁명으로 상징화된 게토의 위기 이후, 게토 노릇을 한 것은 이번에는 거꾸로 감옥이었다. 연방 주들이 사회복지 정책 및 도시빈민 정책을 후퇴시키면서, 혹은 달리 말해 이중 고리 체제로 전환하면서 흑인 무산자 계급들은 완전 주변화되었고, 범죄인화되었다.[28] 두 제도는 한 쌍이 되고, 보충 대리가 되었다. 물리적으로나 정신적으로나 분리가 안 되는 이중적 위협이 가해졌다. 내키지 않는 범주 집단들은 완전 격리하는 방식이 은근슬쩍 통용되었다. 래퍼이자 작곡가인 투팍 사쿠르(Tupac Shakur : 갱스터랩의 대표적 음악가. 몇 차례 수감되었으며, 라이벌 갱단들에 의한 자동차 총격 사건으로 사망했다-옮긴이)의 비극적 운명이 증언하듯 게토와 감옥 간의 구조적·기능적 공존으로 인해 그들의 삶은 비참했다.[29]

감옥과 사회복지

그 태생적 기원과 맞물려 형무 제도는 이제 포스트-케인스 국가에서 사회 공공 분야와 사법 분야 간의 상호교섭이 더욱 점증하면서 혜택 받지 못한 가난한 인구를 구제하는 기관 및 프로그램과 직결되었다. 우선 형무 분야에 고유한 처벌주의, 판옵티크(panoptique: 죄수들을 한눈에 다 볼 수 있는 원형 형무소 개념-옮긴이) 논리가 퍼지면서 사회원조의 목표 및 장치들에 대한 재정의가 시작되었다. 이 논리가 이제 '극빈 아동 원조'(원조금을 받는 대신 그 부모는 2년 이내에 노동을 해야 하는 의무조항이 붙음) 개념을 대체하게 되었다. 그것만 아니라, 1996년 클린턴 정부가 배서한 사회복지 개혁에 따라 공공 원조 수혜자들을 각종 서류에 따라 분리하고, 사법적으로만이 아니라 행정적으로도 제재할 수 있도록 그들을—교육, 노동, 마약, 성性 분야—일일이 감독하는 시스템을 도입했다(예를 들어 1998년 10월부터 미시간 주에서는 원조 수당을 받으려면 보호관찰자, 가석방자처럼 의무적으로 마약 성분 검출 검사를 받아야 한다). 또한 이제 감옥은 그들 '고객'이 다른 데서는 해결 못하는 사회적·의료적 고충을 자신들의 열악한 수단으로나마, 아쉬운 대로 해결해주는 기관이 되어야 했다. 대도시에서 극빈층이 접근할 수 있는 치료 시설 혹은 주요 사회 주택은 유치장이다. 똑같은 인구 집단이 제도라는 폐쇄회로 속을 이쪽 끝에서 저쪽 끝으로 왔다갔다 하고 있었다.

마침내 긴축 예산 및 '작은 국가'라는 정치적 양태에 따라 원조도 투옥도 상업화되어갔다. 텍사스, 테네시 같은 주의 재판소에서는 민영 교도소에 수감자 상당수를 위탁했고, 생활보호지원금 수급자들의 행정 처리 역시 전문 회사에 하청을 주었다. 빈자와 죄수들(감옥에 들어오기 전 가난했던 자들은 감옥을 나가도 대다수는 다시 가난해진다)을 경제적인 면에서나 이데올로기적인 면에서나 더 수익성 높은 대상으로 만드는

방식이다. 우리는 지금 단순히 '감옥 산업 복합체'를 목도하는 것이
아니라,[30] 그 기원을 목도하고 있는 것이다. '감옥-복지-상업 복합
체'는 막 탄생한 자유 형무국가의 선도자다. 그 임무는 새 경제 질서에
순응하지 않는 인구를 감시하고 구속하며, 필요하면 처벌하고 무력화
하는 것이다. 노동 성별 분할에 따라 형벌 부분은 우선 남자를 대상으
로 하는 반면, 원조 및 후원 감독 부분은 이 남자들의 여자와 아이를
대상으로 한다. 이 혼합 양식 제도는 미국의 정치적 전통을 따라 공공,
민영 분야의 상호 침투가 그 하나의 특징이라면, 국가 차원의 도덕적
재무장, 그러지 않으면 탄압과 낙인찍기, 그 두 가지의 융합이 또 하나
의 특징이었다.

유럽 감옥의
특별 고객

　미국의 사례는, 그 이데올로기가 전 세계인을 매료시키고 있기 때문에 특히 주목할 만하다. 미국의 30년 경험을 돌아보면 복지국가에서 형벌국가로의 역행이 어떻게 일어났는지 분명하게 관찰할 수 있다. 최근 미국의 경제, 정치, 시민운동, 문화, 미디어 등 어느 분야를 막론하고 이 역행 현상의 영향을 받지 않은 곳이 없을 정도다. 미국은 2세기에 걸친 사회적 투쟁의 결실로 민주주의라는 형태의 건물을 지었고, 이 건물의 구성 요소인 사법, 정치, 문화 등이 나서서 민주주의 체제를 미화하는 어마어마한 역사적 작업을 해주었다. 그런데 마치 현상액 속의 인화지에 상이 어느 순간 확 나타나듯이 저 뒤편으로 물러나 있던, 기존 질서 유지를 위해 피지배자를 복종시키는 폭력 집단 국가로서의 상象이 그 모습을 확 드러내게 되었다. 국가 폭력은 지금 새 경제 및 인종 질서에 순종하지 않는 자들 혹은 이런 질서에 불필요한 자들을 표적으로 하여 대규모로, 지능적으로, 조직적으로 일어나고 있다. 오늘날 전 세계의 주인 노릇을 하고 있는 미국이 전 세계에 공급하겠다는 것도 바로 이것이다.

문제는 미국 사례의 '특수성'을 이해하면서도 '개별성'으로 치부하지 않은 것이다. 이 갑작스러운 형무소의 급성장에 미국인 스스로도 환기시키기 좋아하는 '예외주의exceptionnalisme'를 부여할 필요가 있었다. 그런데 '미국 모델'을 예찬하는 자나 비판하는 자나 결국에는 적극적인 옹호 혹은 반박을 위한 논리가 빈약함을 깨닫고 적당히 넘어가곤 했다. 형벌국가가 특히 미국에서 그토록 괄목할 만하게, 공격적으로 성장한 데는 잘 알려진 미국의 역사적 이유—인종적 분할을 토대로 세워진 '카테고리catégoriel' 국가라는 협소함. 따라서 이 협소함을 극복하기 위해서라도 경쟁적 시장주의 원칙을 강화해 발전을 모색할 수밖에 없다는 명분—가 있었고, 불안정 고용 및 사회보장 축소가 가져온 사회적 불안정의 결과를 억제하기 위해 사법 및 형사 제도에 기초하고자 하는 유혹도 있었다. 그러나 이런 유혹은 이제 비단 미국만 아니라 신자유주의 이데올로기와 그 정책이 고용이나 사법의 영역에까지 침투함에 따라 유럽 도처에서 특히나 프랑스 같은 나라에서도 감지되었다.

지난 10여 년 동안(1985~1995) 유럽연합의 거의 모든 국가에서 수감률(인구 10만 명 대비)이 빠르고 지속적으로 늘어났다. 포르투갈은 93명에서 125명, 스페인은 57명에서 102명, 영국은 90명에서 101명, 이탈리아는 76명에서 90명, 프랑스는 76명에서 90명, 벨기에는 62명에서

〈표 4〉 유럽연합 수감자 수 증가율(1983~1997)

	1983	1990	1997	성장률
영국	43,415	50,106	61,940	43%
프랑스	39,086	47,449	54,442	39%
이탈리아	41,413	32,588	49,477	20%
스페인	14,659	32,902	42,827	192%
포르투갈	6,093	9,059	14,634	140%
네덜란드	4,000	6,662	13,618	240%
벨기에	6,524	6,525	8,342	28%
그리스	3,736	4,786	5,577	49%
스웨덴	4,422	4,895	5,221	18%
덴마크	3,120	3,243	3,299	6%
아일랜드	1,466	2,114	2,433	66%

＊자료 출처: Pierre Tournier, *Statistiques pénales annuelles du conseil de l'Europe, Enquête 1997*, Strasbourg, Conseil de l'Europe, 1999.

76명, 네덜란드와 스웨덴은 각각 34명에서 49명, 34명에서 65명, 그리스는 36명에서 56명.[31] 이 비율은 분명 미국에 비하면 아주 낮게, 느리게 성장한 편이다. 게다가 이 기간 유럽 사회에서는 범죄가 상당히 증가한 반면, 미국에서는 정체했다. 유럽 국가 대부분에서 수감 인원의 팽창은 미국과는 달리 구금형이 늘어나서가 아니라 형량의 연장 때문이다. 이런 차이에도 불구하고 유럽 전역의 수감자 수는 증가했다(〈표 4〉). 특히 프랑스는 수감 인구가 20년 사이 2배로 증가했다. 요컨대 1975년부터 프랑스에서의 실업률 곡선과 형무소 정원 수의 곡선은 정확히 평행선을 이룬다.

미국에서처럼 프랑스에서도 1970년대 중반 사회복지 및 형무 제도가 급변했다. 그 배경에는 생산과 고용 모델의 변동이 있다. 예를 들어 노동시장의 양극화 및 대량 실업의 증가, 불안정 고용의 확대 등. 이에 대응해 여러 가지 사회 정책이 나오게 되었다. 그중에는 최악의 절망적 상황을 완화하기 위한 것이 있는가 하면 노동력을 유동화하기 위해 도입된 것도 있다. 이 같은 사회 변화에 맞추어 형무 제도가 크게 재편되었고 수감자 수도 증가 일로를 보였다.

1968년과 1975년 사이 25퍼센트 하락한 이후 프랑스 수감자 수는 20여 년 동안 계속해서 증가했다. 다만 1981년과 1988년 대선 덕에, 또 법무부 장관 로베르 바댕테르 재임 때, 이어 혁명 2백 주년 기념 때의 '이례적인' 대사면으로 수감자 증가율이 잠시 주춤했을 뿐이다. 1975년 2만 6천 32명이던 수감자 수가 1985년 4만 2천 937명이 되었고, 1995년에는 5만 1천 623명(1개 대도시에서만)이었다. 프랑스 수감자 수는 발레리 지스카르 데스탱이 엘리제궁에 입성하던 때, 10만 명 기준 50명이던 것이 미테랑 대통령 때는 71명으로 늘어났으며, 이어 자크 시라크가 정권을 인수했을 때는 95명에 이르렀다. 이와 병행하여 교도소 바깥 처벌도 대폭 늘어났다. 가령 집행유예자, 보호관찰자, 보석으로 풀려난 자, 사회봉사활동자 등 사법부의 감독 아래 있는 자만 12만 명이었다. 전체적으로 법의 감시 아래 있는 자가 1998년 1월 1일 기준 17만 6천 8백 명에 달했다. 1989년의 2배이며, 1975년의 2.5배이다. 게다가 이와 병행해 (마약 중독자를 위한) 의료 형무소나 (불법 체류 외국인을 위한) 출입국 관리 수용소에 수용되는 인원도 늘어났다. 이들 수용자는 전과나 연관 범법 행위가 없는 경우이다.

이러한 형무소 인구의 급증은 형벌 제도의 대폭적인 재편에 따른 결과이다. 예를 들어 벌금형이 감소하고 집행유예 판결이 증가한 사실(이 조처는 재범 시에는 형기가 장기화하는 폐해가 있다), 엄벌화가 진행된 일(경범죄 구금일 수가 1984년 2.5개월에서 1992년 6.4개월로, 수형자 전체 형기는 1976년 4.4년에서 1996년 7.8년으로 늘어났다), 수형자의 석방도 대폭 감소한 사실(가석방 수는 쓸수록 닳는 가죽처럼 줄어들어 가석방 대상자 중 실제로 가석방된 자의 비율은 1973년에는 29퍼센트였으나 1996년에는 13퍼센트까지 떨어졌다) 등이다.[32] 그 시기 형벌 대상자들의 프로필도 바뀌었다. 직접 피해자가 있는 범죄(절도범은 앞선 20여 년 동안에는 전체 수감자의 절반을 차지했지만 1997년에는 5분의 1밖에 되지 않았다)보다도 마약법이나 출입국관리법 위반 같은 '피해자 없는 범죄'가 대부분이었다. 게다가 강간이나 풍기문란죄도 더욱 엄히 처벌했다. 전체적으로 보면 수감자가 증가한 원인은, 1971년부터 1987년까지는 정말 수감자가 증가한 데 있지만 1983년부터 현재까지는 오히려 형기가 연장(재고의 증가)된 데 있다.[33]

범죄학자 티에리 고드프루아는 형벌 제도가 재편된 것은 "날로 늘어나는, 취학과 취로 사이에서 대기 중인 청년층을 관리하는" 문제와 무관하지 않다고 지적한다. "서비스 부문의 발달에 유용한, 또한 불안정성과 유동성에 호소하는 새로운 산업 형태에 유용한", 즉 저임금에도 불평하지 않는 비숙련 노동을 확보할 필요가 있었던 것이다. 이 형벌 제도 재편성에 따라 "처벌 압력에 노출된 것은 엄밀한 의미의 '위험 계층'이 아니라 노동시장의 소외층(특히 외국인 이민자 출신 청년층)이었다. 이들

의 선택은 불안정한 노동시장에 편입되든가 형무소에 들어가든가(특히 재범의 경우) 둘 중의 하나였다.[34]

미국과는 달리 프랑스 형무소의 비대화는 과도한 수감 때문이 아니라, 형무 사업의 양극화 및 특히 이민자와 빈민 계층 청년에 가해진 형기의 연장 때문이다. 사회복지 축소가 강제 임금제로 가는 발판이 된 미국과는 반대로, 형무 제도의 비대화는 노동시장에서 배제된 인구를 위한 보조 장치(최저생계비, 연대특별수당, 고용연대계약, 청년 고용, 지역사회개발, 사회적 소외 반대책 등)와 그 부담인 수의 확대를 가져왔다.[35] 그 결과 사회복지국가에서 형벌국가로의 전환이라기보다는 국가주의적 전통이 강한 유럽 대륙의 다른 나라들처럼 프랑스에서도 임금제의 변화 및 사회보호 정책의 재편에 따라 지속적으로 주변으로 밀려난 집단을 대상으로 한 사회보조-형벌 연계 정책의 강화로 이어졌다.

프랑스와 미국은 처벌 수단이나 제재 방식, 형량 부과 방식 등에서는 차이가 있지만 어떤 식으로든 벌을 요구한다는 점에서는 거의 다를 바 없었다. 즉 반항하는 자들에게 불안정 고용을 감수하게 만들고, 새삼 노동을 시민의 규범으로 정립하고, 노동시장에서 밀려난 이른바 '정원 외'는 잠시 어디 '쌓아놓는' 것이다(단지 프랑스에서는 점차 늘어난 이들을 일시적으로 수용한 것이고, 미국에서는 보다 장기간, 경우에 따라서는 일생 수용하는 것이다). 미국에서도 프랑스에서도 형벌 제도의 재편은 노동시장의 재편을 보완하고 지탱하는 식으로 동시 진행되고 있다. 형무소는 이 새로운 노동시장에서 완전 가장자리로 밀려난 자들을 '쓸어다 담는' 동시에 '쓸어다 버리는' 두 역할을 함께 하고 있는 것이다.

형벌사회학의 개척자인 게오르크 루셰와 오토 키르슈하이머가 10여 개 자본주의 사회의 실례를 가지고 연구 발표한 40여 편의 논문에서 확인되는 것처럼, 노동시장의 악화와 수감 인원 증가 사이에는 밀접하고도 명백한 연관성이 있다. 반면 범죄율과 수감률 사이에는 어떠한 명백한 연관도 없다.[36] 유럽 국가의 사법적 제재에 관한 거의 모든 연구는 실업과 취업 불안정이 미국에서처럼 개인 차원으로 법정에서 엄정하게 판결 받는다는 점을 경쟁하듯 다룬다. 노동시장에서 소외당한 자들에게 범죄 혹은 그 비슷한 범법 혐의로 징역형을 선고하는 과잉 처사가 비일비재했다. 일자리를 박탈당할 뿐만 아니라 미결 구금될 가능성이 높아졌고, 똑같은 형태의 범법을 저질렀더라도 무직자이면 벌금형이나 집행유예로 끝나지 않고 유기 징역을 받을 가능성이 더욱 높아졌다(미국에서 나온 조사에 따르면, 직업이 없다는 사실이 흑인이라는 사실보다 형량 결정에서 더욱 불리했다).[37] 결국 범법자가 무직이거나 직장이 변변치 않으면, 형 감량이나 가석방 등의 기회를 얻지 못하고 더 긴 실형을 받기 십상이었다. "벌금형은 부르주아와 프티부르주아에게! 집행유예는 빈민에게! 징역은 극빈 무산자에게!" 1952~1978년 프랑스 사법 기능을 요약한 브뤼노 오뷔송 드 카바를레의 이 유명한 공식은 대량 실업과 사회적 불평등의 골이 더욱 깊어진 오늘날 더 들어맞는다. 1998년 프랑스 형무소 수감자 절반의 최종 학력이 초등학교 졸업이며(대학 졸업자는 3퍼센트에 불과하다), 이들 가운데 3분의 1 혹은 절반이 수감되기 전에 이미 실직했으며, 여섯 명 중 한 명이 노숙자 신세였다.[38] 영국에서는 수감자의 83퍼센트가 노동자 계급 출신이며, 43퍼센트는 16세 이전에 이미 학교를 그만두었다(저학력자는 전체 인구의 16퍼센트). 3분의 1 이상이 체포 당시 무직자였고, 13퍼센트가 노숙자였다.[39] 오늘날 유럽연합의 형벌 제도의 '단골'은 대부분 그 어느 때보다 신분이 취약해진 노동자 계급이며, 특히 아프리카 출신 빈민 청년이다.

실제로 유럽 각지에서는 외국인, 이른바 비서구권 이민자 제2세대가 공공 원조 부문에서와 마찬가지로 고용시장에서도 가장 취약한 부류이다. 구직에서도 각종 차별을 받는 유색인종이 수감자 집단을 대표한다. 미국에서 흑인이 당한 불평등과 거의 비교할 만한 수준이다(《도표 1》). 영국에서는 거리 치안을 담당하는 경찰뿐만 아니라 일반인의 눈에도 카리브에서 온 '제국 신민'이 괜히 더 튀고 요구할 게 많아 보인다. 사실상 흑인이 백인이나 아시아인보다 감옥에 들어갈 가능성이 7배는 높다(아프리카나 카리브 해 안티 군도 출신 여성은 10배 이상). 이런 '과잉 대표성'은 특히 마약 사범에서 더 잘 나타나는데, 절반 이상이 흑인이다. 또한 절도범의 3분의 2가량이 흑인이다.

이와 유사한 현상은 독일에서도 나타난다. 북부 레나니 지역에서 루마니아 출신 집시의 수감률은 일반 독일 시민보다 20배는 높다. 모로코인은 8배, 터키인은 3배에서 4배 사이. 1989년 피의자 가운데 외국인 비율은 3분의 1이었는데 5년 뒤에는 2분의 1로 늘었다. 가령 헤세 주의 란트에서는 1987년부터 내국인 수감자 수는 매해 감소한 데 반해 외국인 수감자 수는 증가 일로였다. 철창 안 비내국인 수는 더욱 팽창했는데, 대개 마약 사범이다. 네덜란드는 수감자 수가 15년 사이

〈도표 1〉 유럽연합 외국인 과잉 수감(1997년)

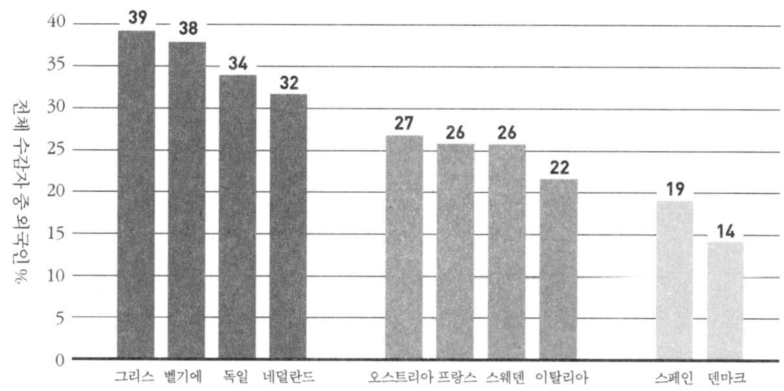

*자료 출처: Pierre Tournier, *Statistiques pénales annuelles du conseil de l'Europe, Enquête 1997*, Strasbourg, Conseil de l'Europe, 1999.

3배로 늘어났고, 1993년에는 외국인이 43퍼센트를 차지했다. 초범자의 경우 징역형을 선고받을 가능성이 수리남 혹은 모로코 출신이면 더 높았다(반면 전과자의 경우에는 내국인이 더 많았다).[40] 벨기에에서는 1997년 외국인 수감률이 내국인 수감률보다 6배나 높았다(10만 명 기준, 전자가 2,840명, 후자가 510명). 이 둘 간의 격차는 1980년 갑자기 2배로 늘어난 뒤 20년 동안 더욱 벌어졌다. 불법 체류로 행정범이 된 자들을 배제하고도 외국인 수감자 수는 계속해서 증가한 반면 내국인 수감자 수는 1996년까지 점차 감소했다. 더욱이 형사 판결이 나오기 전까지의 평균 구속 기간이나 임시 구류 기간이 내국인보다는 외국인이 상대적으로 길었다.[41]

프랑스도 수감 인구에서 외국인이 차지하는 비율이 1975년 18퍼센트에서 20년 후 29퍼센트까지 올라갔다(외국인은 전체 인구의 6퍼센트밖에 되지 않는다). 이 수치는 사실은 거의 내국인인데, 북아프리카 아랍 국가 출신 및 해외 프랑스령 출신 젊은이처럼 프랑스 경찰 및 사법 기관이 외국인으로 파악, 처리하는 자들은 포함하지 않은 것이다. 이 해 동안 프랑스 유치장은 순전히 거의 유색인으로 채워졌다고 해도 과언이 아니다. 1995년 공식 집계된 외국인 수감자 1만 5천 명 중 북아프리카 출신이 53퍼센트, 내륙 아프리카 출신이 16퍼센트이다.

· 비슷한 범죄에도 법정은 의도적으로 프랑스 국적을 소유하지 않은 자에게는 징역형을 선고했다. 프랑스 옛 식민지국 출신에게 인종적·민족적 차별을 가한 것은 명백해 보인다. 집행유예, 형 감면 등은 거의 내국인의 독차지였다. 인구학자 피에르 투르니에의 조사에 따르면, 범법 행위에 대해 프랑스인보다 외국인이 징역형을 선고받을 가능성이 1.8배에서 2.4배나 높았다(전력을 불문하고, 여러 부문 피의자를 포함해 산출). 또한 불법 이민으로 소송당한 외국인 수가 1976년 7천 명에서 1993년 4만 4천 명으로 훌쩍 늘어났다. 한편 입국 및 불법 체류 관련 법규 '제19조' 위반으로 체포된 자의 4분의 3이 형사 시설에 억류됐다. 법정에 소환당한 16개 범죄 가운데 이 불법 체류 관련 위반자가 가장 많이 징역형을 선고받았다. 외국인 혐오 발언 가운데서도 흔했던, 외국인 범법 행위가 날로 심각해질 것이라는 가설과는 달리, 프랑스 형무소 내 외국인 수가 증가한 것은(20년간 3배나 증가) 대외국인 정책의 변화에 따라 그 위반자가 자동적으로, 아니 갑자기 이례적으로 늘어나서다. 실제로 출입국법 위반 행정소송으로 투옥된 수감자를 빼

면, 프랑스 형무소에 수감 중인 외국인 대 내국인 비율은 6 대 1에서 3 대 1로 내려간다.

아프리카계 미국인은 서류상으로는 국적법상 이미 한 세기 전부터 미합중국의 시민이었다. 이 점을 제외하면—이 점을 분명히 강조할 필요는 있다—미국 형무소에 흑인이 넘치는 것과 프랑스 형무소에 외국인이 북적대는 데는 공통점이 있다. 일반적으로 외국인이 그 나라의 하층계급을 형성한다는 것, 거기에 덧붙여 형벌 제도가 외국인에게 엄격하다는 사실, 그리고 행정 레벨에서 '불법 이민을 투옥이란 수단에 의해 응징하겠다는 확고한 선택'이 이루어졌다는 것이다.[42] 통상적인 '강권적 감금'이나 '방범을 위한 감금'[43]이 아니라 어떤 집단을 사회 구성원에서 언제든 용이하게 떼어내기 위한 차별 및 분리안인 것이다(이제는 아예 국외로 추방하기도 한다).

프랑스 각지의 구치소나 형무소에 수감된 외국인, 나아가 프랑스 국적이면서도 외국인 취급을 받는 사람들은 민족이나 국적별로 수감돼 있다(예를 들어 파리의 상테 형무소에는 수감자가 '백인' '아프리카인' '아랍인' '그외'의 네 부류로 구분돼 있다). 또한 몇 천 명의 불법 체류자들이나 이른바 '이중의 형刑'(정규 체재 자격이 있는 외국인이 경범이나 중죄를 범하면 프랑스인과 같이 형무소에 투옥돼 제1형을 받는데 형기를 마치면 그것으로 끝나는 것이 아니라 국외 추방령을 받는 것-옮긴이) 때문에 강제 송환되는 사람들이 공항의 '대기 존'이나 '외국인 수용소' 등 국가의 법이 미치지 않는 곳에 갇혀 있다는 사실도 덧붙여야 한다. 이런 시설은 최근 10년 사이 유럽 전역에서 급증했다. 1938년 달라디에(Edouard Daladier:

1884~1970, 프랑스 정치가. 식민 장관, 육군 장관 등을 거쳐 세계대전 시기 세 차례나 총리를 지냈다. '인민전선' 정부 결성에 힘썼으나 그 후 인민전선 정부의 공산화를 꺼려 우익으로 변했다-옮긴이)가 '달갑지 않은 외국인들' '스페인 망명자들', 기타 '선동꾼들'을 위해 설치한 수용소가 현재까지 남아 프랑스에 30개 넘게 운영되고 있다(15년 전에는 10개에 못 미쳤다). 나름의 이유로 이름을 떳떳이 밝힐 수 없는 시설들이지만 사실 형무소나 마찬가지다. 이들 시설은 형무 행정 소관 밖이지만 형무소나 진배없다는 점에서 사실상 헌법 66조("어느 누구도 임의적으로 수감할 수 없다")를 위반하고 있다. 감금 조건들은 전형적인 인권 침해 사항이다. 마르세유 항구 역 근처에 있는 아랑크 센터는 비참하기로 악명 높다. 1917년에 지어진, 거주에 필요한 최소한의 편의시설도 없는 그 낡은 격납고에는 북아프리카로 추방될 1천 5백 명의 외국인이 수용되어 있다.[44]

벨기에에서는 출입국관리국에 수용된 외국인 수가 1974년부터 1994년 사이 9배 늘어났다. 불법 체류 외국인이 수감된 수용소는 법무부가 아니라 내무부 관할이기 때문에 그들의 존재는 형무소 통계에서 누락돼 있다. 가시철사가 휘감긴 이중 철조망에다 감시 카메라가 상시 돌아가는 이 5개 외국인수용소는 1년에 1만 5천 명의 외국인을 추방하는 거점이다. 이 숫자는 정부가 공식적으로 발표한 목표치로, (극우파의) 발밑에서도 온순하지 않고 드센 풀들은 베어낼 수밖에 없다는 명분 아래 정부가 소위 '현실적인' 정책을 폈음을 보여주려는 증거이다.[45] 이탈리아에서는 불법 체류로 체포된 경우가 겨우 4년 만에 5배로 늘어나 1994년 5

만 7천 건에 이르렀다. 이 시기 불법 이민자 수는 오히려 줄었고, 불법 체류 외국인의 대부분은 합법적으로 입국했으며 이탈리아 내국인이 하기 싫어하는 업종에 '비합법적으로' 취업했을 뿐이라는 사실이 밝혀졌음에도 불구하고 말이다.[46] 마시모 달레마 정부도 이 사실을 암묵적으로 인정해 1998년 초부터 정규화 정책을 실시해 체류증 발급 수를 6배나 늘렸다.

경찰에 의한 임시 구류처럼 겉으로는 아주 중립적이고, 통상적인 것처럼 보이는 사법 행위가 외국인이나 이민자처럼 보이는 이들에게는 철저히 불공평하게 적용되는 경향이 있다. 예전에 '롱위'라는 외곽 도시 청년들은 "막가파식 사법(justice à quarante vitesses: 프랑스어 표현 중에 'à deux vitesses/두 속도 체제'라는 말이 있는데, 특히 경제적 측면에서 시류를 따라가는 사람과 시류를 따라가지 못하고 처지는 사람의 양극화된 사회를 비유한 말이다. 이 이원 체제 역시나 불공평한데, 얼마나 불공평하다고 생각했으면 2에다 곱하기 20을 해 40이라고 표현했을까. 불만과 힐난에 가득 찬 외곽 지대 청년들의 은어 표현으로, 40은 큰 의미 없는 수라 '막가파식' 정도로 옮긴다-옮긴이)"이라는 말을 만들어낸 적이 있는데, "영광의 30년대" 이민자 노동 집단 출신의 가족들과 실업자들이 모여 사는 침체된 지역을 이른바 "민감 지구quartiers sensibles"라 완곡히 표현하면서도 이 일대 주민들을 검거하고 수감할 때는 거의 무차별적으로 속도를 내는 프랑스 사법의 이중적인 태도, 그 불공평한 태도를 야유한 것이다. 사실 셴겐 조약과 마스트리히트 조약—유럽 시민의 효과적인 '자유 통행'을 보장하기

위한 사법 통합의 가속화—에 의해 유럽연합 역내의 자유 이동을 위
한 법 정비가 진행되자 일부 조인국은 유럽연합 역외로부터의 이민 문
제를 재정의하기에 이르렀다. 즉 행정 용어나 정책 양면에 있어서 이
민 문제는 조직범죄나 테러와 마찬가지로 각국의 내정 문제에 머물지
않고 유럽 대륙 전체의 치안 문제로 여겨지게 된 것이다.[47] 이처럼 유
럽에서 경찰, 사법, 형무 정책은 보조를 맞춰 '딱 보기에' 비유럽인인
이들을 철저하게 옭아매게 되었다. 이들은 피부색으로 금세 알 수 있
기 때문에 그만큼 경찰이나 사법의 횡포에 노출되기 쉽다. 결국 이민
자를 범죄자로 만들어버리는 구조가 되어 범죄를 박멸하기는커녕 공
연히 범죄자만 양산하고 있는 형국이다.

이와 같은 이민자의 범죄인화를 조장하는 것은 수구 정파적인 여러
미디어와 정치가들이다. 그들은 '범죄가 증가하는 것은 이민 탓'이라
고 주장하며 1980년대의 신자유주의 개혁 이후 유럽에 만연하게 된
배타주의 감정을 선동해 대중적 지지를 얻으려고 한다. 이 메시지를
솔직하게 표현하기도 하고, 시니컬하게 얘기하기도 하며, 노골적으로
단언하는가 하면 완곡하게 에둘러 가기도 한다. 그러나 이런 메시지
가 대중들에게 점점 저항감 없이 받아들여지고 있는 것은 틀림없다.
이처럼 (비유럽계의) 외국인은 항상 뒤에서 손가락질을 당하고, 맨 먼
저 의심받고, 사회의 한편으로 밀려난다.

노르웨이의 범죄학자 닐 크리스티의 표현대로 '편리한 적suitable
enemy'[48]이 됐다. 미국에서 대도시 아프리카계 미국인과 마찬가지로
그들은 모든 사회 문제의 상징이며 해결해야 할 대상이다. 이처럼 감

옥과, 감옥이 찍은 낙인을 배경으로 유럽에서는 '백인白人 밑sous-blancs'이라는 카테고리가 만들어졌다. 이 카테고리는 억압적인 조처에 의한 빈곤층 관리를 정당화하기 위해 만들어진 것이다. 이와 같은 탄압 정책은 국적을 불문하고 대량 실업과 고용 불안정으로 위축된 대중 전체로 퍼지고 있다.[49]

오슬로에서 빌바오, 나폴리에서 노팅햄, 마드리드를 거쳐 마르세유, 뮌헨에 이르기까지 수감 인구에서 마약 판매상과 마약 중독자가 같은 규모는 아니지만, 이들 수는 미국과 비슷한 추세로 급증했다. 유럽 도처에서 마약 소탕 작전을 벌였지만, 사실 그것은 눈가리개에 불과했다. 무직자, 노숙자, 불법 체류자, 거지, 부랑아, 기타 주변인 등 "잠재적으로 가장 위험하고, 별 쓸모가 없는 것으로 보이는 인구 구성 요소"의 소탕 작전이었다.[50] 프랑스에서는 마약 소지 및 거래로 실형을 선고받은 자의 수가 1984년 4천 명에서 1994년 2만 4천 명에 이르렀으며, 이 기간 형기가 약 2배로 늘어났다(평균 9개월에서 20개월). 그 결과 마약 관련 범죄로 투옥된 자가 1998년 14퍼센트에서 약 4년 후 21퍼센트로 늘었다(이때부터는 절도로 유죄를 선고받은 자의 수를 추월). 이탈리아, 스페인, 포르투갈 등지에서는 이 비율이 전체의 3분이 1을 약간 웃돈다. 지난 10년 동안 독일, 영국, 네덜란드 등이 형무소 시설을 확장한 까닭은 대개 마약 사범을 흡수하기 위해서였다. 전체 수감자의 거의 15퍼센트 가까이나 되었다(《도표 2》).

예전에 마약 소비를 적극 단속하거나 공급 사범까지 일제히 소탕하는 분위기까지는 아니었던 스칸디나비아 반도 나라도 지금은 예외가

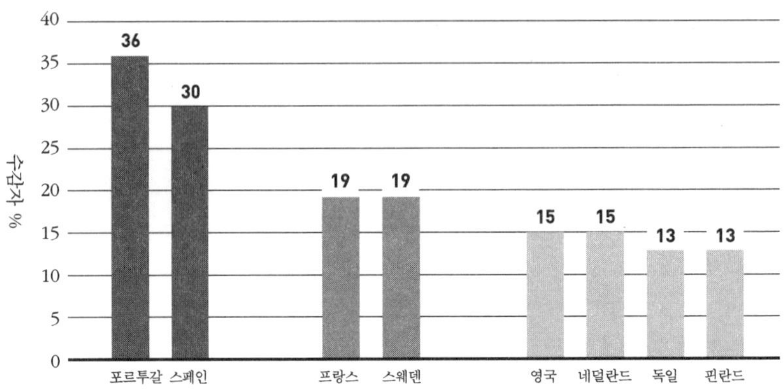

〈도표 2〉 유럽연합 마약 사범 비율

＊자료 출처: Pierre Tournier, *Statistiques pénales annuelles du conseil de l'Europe, Enquête 1997*, Strasbourg, Conseil de l'Europe, 1999.

아니다. 이 도표에는 나와 있지 않지만 가령 노르웨이에서는 지난 1980년대에 마약 관련 법률 위반으로 유기 징역을 선고받은 자가 두 배로 증가했으며 지금은 전체 범죄의 30퍼센트에 달한다(이웃 나라 스웨덴은 20퍼센트). 또한 마약 사범을 엄벌하기로 한 결과 형기도 4배 늘었다. 예전의 노르웨이 형법 규범으로는 마약범은 최고 3년 이하의 징역형에 처했으나 엄벌화에 따라 지금은 최고 15년까지 형을 늘였다. 그 때문에 1986년에는 형무소 공식 통계(1986년)의 체재體裁를 바꾸지 않으면 안 될 정도였다.[51]

미국과 마찬가지로 유럽 대륙에서도 형벌 망을 확장한 결과, 교정 기능을 제대로 할 수 없을 정도로 수감 과밀 현상이 나타났다. '달갑지 않은 자들'을 '쟁여 넣는' 야만적 감금 시대로 퇴행했다. 유럽연합 국가는 지난 1980년대 형무소를 크게 넓히는 한편, 특사 및 집단 대사

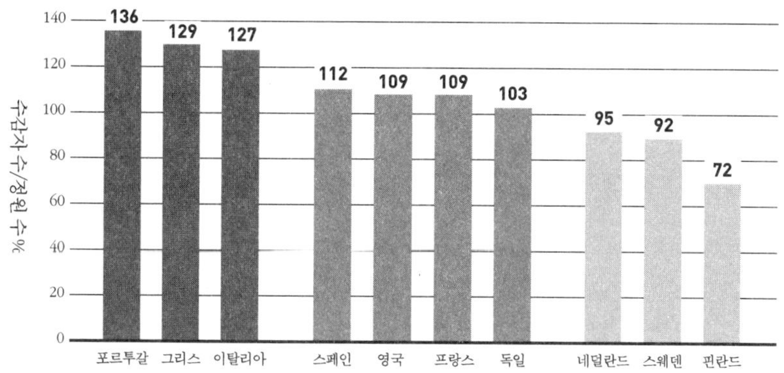

〈도표 3〉 유럽연합 형무소의 정원 수 대비 수감자 비율

＊자료 출처: Pierre Tournier, *Statistiques pénales annuelles du conseil de l'Europe, Enquête 1997*, Strasbourg, Conseil de l'Europe, 1999.

면을 정례화했다(가령 프랑스에서는 1991년부터 매해 7월 14일 혁명 기념일에 특사를 실시한다. 벨기에에서는 약 2년마다 왕실 특명의 대사면을 실시한다). 또한 수인 '재고'가 너무 늘어나는 것을 막기 위해 이탈리아, 스페인, 벨기에, 포르투갈 등지에서도 사전 석방을 단행했다. 스칸디나비아 반도 나라 및 네덜란드, 오스트리아를 제외하곤 어느 나라나 감옥은 항상 정원 초과였다. 정원 수 대비 수감자 비율이 영국, 프랑스 등은 100퍼센트 선을 넘었고, 이탈리아, 그리스, 이베리아 반도 나라는 130퍼센트 전후였다(〈도표 3〉을 볼 것).

실제로는 이보다 더 심각한 수준이나 나라마다 다양한 방법을 동원해 정원 초과율을 낮추기도 했다. 가령 네덜란드는 정원 초과된 수감자를 경찰서 내 유치장으로 이동시켰다. 그래서 형무 행정 통계상에는 그 과도한 정도가 잘 나타나지 않았다. 포르투갈에서는 정신이상

증상을 보이는 수감자를 수감자 조사 명단에서 누락시켰다. 벨기에의 통계는 더욱 믿을 만한 것이 못 된다. 감방 수만 가지고는 각 나라의 형무 내부 사정을 다 알 수 없다. 대부분의 수감자가 정말 놀라운 환경에서 자기 형량을 채운다. 유럽의회의 최근 통계에 따르면 이탈리아, 포르투갈 수감자의 3분의 2 가까이가, 그리고 벨기에 수감자의 절반이 '문제 삼을 만한 정원 초과' 건물에 수용되어 있다(정상 수용률의 120퍼센트 이상).[52] 프랑스에서는 공식 형무소 수용률이 109퍼센트에 달하고, 일반 유치장은 123퍼센트에 이른다. 이 가운데 8개는 수용률이 정원 수의 2배를 넘는다. 두 군데는 거의 3배를 넘는다. 전체적으로 수감자의 4분의 1이 정원 수를 150퍼센트나 초과한 좁은 감방에 있는 셈이다.[53]

1993년 '고문 및 형벌, 비인간적 처우 방지를 위한 유럽위원회' 보고서는 10제곱미터도 안 되는, 가장 기본적인 위생 규칙조차 지켜지지 않는 작은 감방에 4명을 수용한 프랑스의 보메트 마르세유 유치장의 구금 상태를 혹독하게 비판했다. 이런 최악의 수감 조건은 1986년과 1996년 사이 수감자 자살률이 25퍼센트나 증가한 것과 무관하지 않다. 프랑스 수감 인구 가운데 자살자의 3분의 1이 형 확정 이후 3개월도 안 되어 목숨을 끊었다.[54]

같은 보고서에 따르면 파리 경시청의 '데포Dépôt' 같은 외국인 유치장 감방은 32~50제곱미터도 안 되는 바퀴벌레 들끓는 지하 어두운 방으로, 12명의 수감자들이 오락 및 야외 운동도 금지당한 채 수용되어 있다. 피의자가 주로 머무는 경찰서 및 파출소의 유치장 상황은 더욱 심각하다. 노후하고 악취가 진동하는 습기 가득한 감방에 곰팡이 핀 벽, 오물로 얼룩진 침대에 형편없는 채광과 조명 시설 등. 이 정도다 보니 '고문방지유럽위원회'는 이곳을 다녀간 후 곧장 프랑스 정부 당국에 긴급 실태 보고서를 제출하지 않을 수 없었다. 그리고 보고서를 내는 김에 자료를 더 보완하여 오스트리아, 포르투갈, 프랑스, 벨기에, 그리스 등 유럽 각지에서 체포 및 입건, 구금당한 자들이 경찰에게 당한 각종 학대, 모욕, 발길질, 주먹질, 따귀 세례, 음식 및 의약품 박탈, 심리적 압박 등에 관한 보고서도 첨부했다. 특히나 이런 학대는 유럽 형벌 제도가 좋아해 마지않는 대상인 외국인(혹은 외국인 취급 당하는 사람)과 빈민 계층 젊은이에게 우선적으로 가해졌음이 확연히 드러났다.[55]

사회적
판옵티즘을 향하여

폭주하는 미국 형무소 정책과 궤를 같이하는, 또 하나의 께름칙한 조류가 눈에 띈다. 나라마다 전통이나 상황이 크게 다름에도 불구하고[56] 서유럽 사회의 형벌 정책이 보다 엄격해졌다는 사실과 함께 보다 많은 시민을 관리 대상으로 삼게 돼 수형자의 사회 복귀보다는 확실히 '사회 방위'를 우선시하게 됐다는 점이다. 이미 말했다시피 이 조류는 사회보장 프로그램은 더 제한적인 방향으로, 고용 시장은 더 열리는 방향으로 크게 재편되는 때와 맞물렸다. 입법부가 만든 새로운 법규 탓에 도처에서 고소할 일이 많아졌고, 폭력 및 풍기문란, 마약 거래 및 마약 상습 복용 등을 단속하기 위한 징역형이 더욱 무거워졌다. 경찰은 이런 유의 범법 행위를 처벌하기 위한 작전 및 수단을 강화했다. 사법 당국은 이런 범법 행위에 대해서는 가석방 기회도 대폭 축소했다. 형사 법전에서 아직 사형 제도를 몰아내지 않았던 나라들이 사형을 폐지하면서 그 중간 해결책으로 내놓은 이른바 '확실 형peine de sûreté'(무기징역과 비슷함. 프랑스에서는 최고 30년)으로 인해 수감자의 평균 형기가 늘어나는 모순이 빚어졌다. 게다가 형무소 내부의 서비스는 축소되는 한편 점점 엄단, 보안 단속만 중시되어 수감자의 사회 복귀라는 목표는 관료의 선전 문구 정도밖에는 되지 못했다.[57]

이와 같은 흐름을 상징하는 사례로서, 사회적 관점에서나 교정적 관점에서나 '인간적 부성애'를 실현한 성공 모델로서 오랫동안 인정받아온 네덜란드의 사법 및 형무 제도가 놀랍게 변화한 점을 들 수 있다. 이전에는 자유형(구속형)이 상당히 드물었고, 교화 및 심리 치료를 통해 재소자의 '인적 자본'을 개선하기 위한 단기 구류형이 대부분이었다. 그런데 1990년대 사회복지국가 개념이 후퇴하면서 사회보장이 축소되고, 더욱 강경해진 유럽 형벌 기준에 맞춰야 한다는 압박감에 이 모든 것이 뒤집어진다. 오늘날 네덜란드의 형벌 정책은 한마디로 '경영 마인드'가 지배한다. 분명하게 성과주의와 치안 관리의 관점에서, 들어가는 비용 대 나오는 효과를 수치상으로 따지는 것이다.[58] 그 결과 네덜란드의 수감률은 1985년 이래 두 배 증가했다(그러나 유럽에서는 하위이다. 미국 수감률의 10분의 1밖에 안 된다). 반면 수감자 수는 1983년과 1996년 사이 3배로 증가했다. 10여 년 전 영국 범죄학자들은 이 진보적 형벌 정책의 방법과 목표를 배우기 위해 네덜란드를 친히 방문하기도 했다.[59] 1994년 이후 이 분야에 관한 한 그들의 '온건한' 국제적 이미지를 씻기 위해 네덜란드 형벌 책임자들은 대서양 너머 나라에서 처벌이 더욱 강화된 형벌 수단 및 그 정당성의 근거를 빌려왔다. 네덜란드 전 법무부 장관은 네덜란드가 마침내 '유럽 평균'에 도달했다며 자화자찬하기도 했다.

그러나 미국에서 볼 수 있었던 것처럼 수감만으로는 빈곤층을 다 관리할 수 없다. 빈곤의 제1처방으로서 이런 수감을 홍보하면서도, 빈민 가정 및 빈민 구역에 대한 감시도 활발해졌다. 국가주의 전통이 강하고 기독교라는 종교적 바탕에 사회민주주의 정체政體를 가진 대부분의 유럽 국가는 10여 년간 사회적 쟁투를 통해 약육강식의 노동시장에서 발생할 수 있는 자본의 노골적 폭력을 제재하기 위한 각종 대책을 만들어냈다. 이것은 간접적으로나마 하층 노동자의 궁핍화와 대량 투옥 사태를 막는 안전장치 구실을 했다. 그러나 이와 같은 유럽에서도 후기 포드주의가 새로운 프롤레타리아 빈곤층을 만들어내자 형벌에 의한 관리가 도입됐다. 단지 여기서는 점점 세련된 감시 장치와 간섭 제도를 사회보장이나 원조 프로그램과 엮는 방법을 택했다.

빈곤층을 복지 기관의 감독 아래 두려는 움직임은, 본래 사회 정책을 보다 효과적으로 수행하려는 '칭찬할 만한' 동기에서 생겨났다. 이는 일상의 사회 불안을 관리, 담당하는 각종 관료 체계를 만들어냈다. 직업알선소, 사회보장 사무국, 국가의료보험조합, 병원, 공영주택 관리공단 등. 이들은 모든 정보를 수집·체계화하고, 그 정보를 다시 네트워크로 조직하여 적극적으로 상호 참조·개입하였다. 이처럼 각 기관이 연락을 취하며 업무를 수행하게 되자 수급자를 둘러싼 감시망은 한층 촘촘해졌다. 또한 이 기관들은 '고객'인 빈곤층이 빚을 '리스크'를 최소화하기 위해 이 빈곤층 주변부의 치안 장치와 연동해 업무를

'모던하게' 하는 것도 잊지 않았다.[60] 빈곤층에 대한 형벌 정책에 비해 상대적으로 부드러운 형태인, 오늘날 유럽에서 지배적인 이 사회적 판옵티즘이 대량 수감의 대안이 될 수 있을지, 아니면 그저 형벌 과정의 한 단계로서 투옥의 확대로 나아가기 위한 빌미가 될지 아직은 분명치 않다.

프랑스에서 이른바 '(경제 사정) 곤란' 주민 및 구역은 한편에서는 사회보장국에, 또 한편에선 경찰 및 사법 기관에 감시 및 통제를 당해 '펜치'에 집혀 있는 꼴이다. 1983년 지방분권화법 시행 이후 사회 정책(극빈층 생활지원금, 모자보건, 아동 및 고령자 사회보조금 등)을 담당하는 여러 지방 의회는 ANIS (Approche Nouvelle de l'Information Sociale: 사회정보신新접근) 패키지를 만들어 생활보조금 수급자 및 세대에 대한 도별 일괄 데이터를 확보했다.

가령 앵(Ain: 프랑스 남동부의 한 도道)의 예방 및 사회정책부는 사회복지사의 주관적 평가에 따라 개인 및 가구를 '정신 장애' '의존 상태'(자발 신고/인지), '정상적인 생활 곤란' '사회 통합 곤란' 등으로 유형화했다. 이 유형화의 궁극적 목표는 일상적인 생활이 곤란하고 의존적인 주민을 한군데로 몰아 파악하자는 일종의 사회 지도 작업이었다. 그런데 '인권연맹' '정보-데이터-시민 집단' '사회 정책 정보화에 대응하는 시민권 집단' 등의 단체는 CNIL(전국정보자유위원회)에 그러한 통합 신상 서류의 제작 및 유형화에 필요한 패키지 정보 수집을 철회할 것을 요구하기도 하였다. 이 위원회는 결국 그들의 요구를 받아들이지 않았으나

1994년 자체 활동 보고서에서는 "빈곤층에 관한 정보 데이터 축적으로 생활고에 처해 있는 개인이나 가족의 특징을 토대로 한 사회 소외층 분포도가 작성되면" 최빈곤층을 낙인찍는 결과가 되어 거주 지역 차별 및 편견을 조장할 우려가 있다고 썼다.[61]

도 단위 사회 정보(사회복지 수급자 관련) 데이터에다 각종 법규 위반, 절도, 범죄 등에 관한 국가 정보가 합해졌다. 1995년 치안 지침 및 계획에 관한 법률에 의거 '범죄정보처리시스템STIC'이 가동되었다. 내무부 산하 공공자유사무국의 '중앙 데이터', 파리 경시청의 '전과자 정보 데이터', 지방경찰 수사 파일, 수사 중인 범죄자 정보 파일 등.[62] 게다가 과학적이고 합리적인 수사를 위해 빈민가 주민에 대한 상세 정보를 축적해 경찰 병력 지역 분산화에 직접 기여하기도 했다. 이 통합 자료는 수형자만이 아니라 경찰이 다루는 사건의 용의자, 피해자, 증인 등을 망라한다. 경찰 및 사법 기관 '고객'의 가족 및 이웃 되는 자들의 정보 또한 사법관의 명에 따라 최소 5년에서 최대 40년까지 기록 · 보관 · 열람할 수 있다. 사법관 조합은 이 STIC을 통해 '범汎주민 통제 데이터'를 만드는 과정에서 발생할 수 있는 경찰력의 남용을 우려했으며, 사실상 '잊혀야 할 권리'를 무효화한 이 철저한 정보 장기 보존 문제를 짚고 넘어가기도 했다. 1997년 1월 1일 인권연맹이 실시한 조사에 따르면, 이 데이터 파일에 기록된 630만 건의 범법 데이터에는 이미 250만 명의 피고인, 그와 동수의 신체적 범죄 피해자, 그리고 50만 명의 정신적 피해자 정보가 포함돼 있다.

이 파일에는 절도 범죄만이 아니라 '학교 폭력' '타인의 재산에 대한 고의적 훼손 및 파손' '경관 모욕' '호객 행위' 기타 '문란 행위' 등까지, 도시라는 단어와 연결되는 모든 반사회적 행동을 모두 쑤셔 넣었다. 여러 법률 전문가, 가령 국회 부의장 레몽 포르니(사회당)는 CNIL에서 보고하는 자리에서 그런 파일이 사법 용도로만 사용되는 것이 아니라, CNIL의 금지에도 불구하고 국적 취득과 같은 당국의 허가와 인가를 신청하는 사람들에 대한 '도덕성 조사'와도 같은 경찰 행정 수행을 위한 용도로 이용될 소지가 있음을 밝혔다. CNIL은 분명 내무부 장관의 지침대로 "타인에게 위험을 초래할 행동을 하는 자들"에게는 자료 공개를 허가하지 않았다. 그러나 실제로는 허가한 것이나 마찬가지이다. 왜냐하면 CNIL은 "행정상의 조정이나 치안 관리 임무를 전개하는 특정 상황에서, 공공질서나 사람들의 안전이 위협당할 위험이 있는 경우"에는 열람을 인정하고 있기 때문이다. 결국 경찰은 필요하다고 판단하면 마음대로 STIC 자료를 요리할 수 있는 것이다.

빈곤층에 대한 정보 감시 체제의 다음 단계는 사회보장국 파일과 경찰국 파일을 연계하는 것으로, 가령 한 청소년이 절도와 같은 비행을 반복할 경우 그 가정은 가족 수당을 더 이상 지급받지 못하게 된다(매해 수만 가정이 그렇게 된다). 또는 사회보조금 루트를 그대로 따라 올라가 관련자나 용의자를 색출하기도 했다. 여기에 세무서 자료까지 연계된다.[63] 우선 1998년 12월 조스팽 정부는 사회보장 자료와 세무 자료를 연결하기 위해 세무서가 NIR(사회보장번호. 일종의 주민등록번호와 같은 전국 리스트)을 이용하는 것을 허락하는 1999년 재정법 개정안을 은근슬쩍 국회에서 가결시켰다. 기억하겠지만, 1940년대 NIR에는 '모슬렘인' '모

슬렘계 유대인' '유대계 외국인' '유대계 망명 외국인' 등을 식별하기 쉽
도록 암호가 붙어 있었다.[64] 이처럼 행정적 효율성을 높인다는 구실로
NIR은 프랑스의 '문제 지구'(혹은 '민감 지구')에 사는 '문제 인구'를 감
시하는 수단이 될 수도 있다.

그러나 프랑스는 판옵티즘 행정에서 둘째가라면 서러울 네덜란드에는
좀 뒤지는 편이다. 1990년대 초반 윔 옥Wim Wok 정부 때 신자유주의
체제로 전격 전환한 네덜란드는 국가 보조금을 받는 사람의 의무를 강
조하며, 형무제의 도움을 받아(수용 능력이 1985년과 1995년 사이 세 배로
늘었다) 사회보조금을 주는 데 있어 '리스크'가 있는 외국인 및 젊은이
를 영구 감시 체제 아래 놓는 다양한 장치를 개발했다. 네덜란드 사회보
장국 자료는 수급자를 조사하고 제재할 수 있도록 세무서 자료와 연계
되었다. 1998년 정보통합법을 정점으로, 법률적 연속 조치들이 나옴으
로써 정부 부서들은 불법 이민자가 노동시장 및 교육, 주택, 사회복지,
의료복지 등 공공 서비스 혜택에 마음대로 접근할 수 없도록 하는 정보
은행망을 구축하였다. 그 결과 불법 체류자는 그 어느 때보다 더욱 어둠
속으로 숨어들게 돼 국제협정에 따른 기본 권리(법적 지원, 자녀 취학, 긴
급 의료 원조, 기타 등등)를 일시에 박탈당했으며—그 첫 조인국 가운데
하나가 네덜란드였는데도—아울러 방대한 위조 여권 시장이 생겨났
다.[65]

마침내 범죄 예방을 이유로 네덜란드 다수의 시는 주민 대부분을 '정보
감독' 아래 놓이게 만들었다. 가령 로테르담 시는 비행 청소년을 둔 가
정 및 그럴 가능성이 있는 가정을 쉽게 판별해낼 목적으로 청소년 감시

담당국을 신설해 가장 어린 나이부터 18세 미만 인구에 관한 각종 정보를 차례대로 분류, 조사했다.[66] 시 보건복지 산하 연구 단체는 이들의 육체적·감성적·인지적 능력 및 주변 환경 특성, 위험 행동 경향(알코올·마약 사용, 도박, 절도 등) 등의 상태를 더욱 잘 진단하기 위해 초등학생을 대상으로 정기 설문 조사를 실시했다. 그리고 교사들로 하여금 주변 가족 환경, 학생의 학습 및 생활 태도(병, 결석, 자신감 정도, 과장 행동 혹은 과민, 공격성, 행동 장애 등)에 대한 보충 설명이 포함된 양식을 작성하게 했다. 1998년 현재 로테르담 시에 거주하는 11세에서 12세의 어린이 7천 명이 조사 대상인데 몇 년 뒤에는 0세에서 12세 어린이 전원으로 확대될 예정이다. 복지(물질적, 정신적, 사회적)에 대한 지나친 근심이 인간을 지배하는 기술이, 더 나아가 '공안police'이 될 수 있다는 미셸 푸코의 그 유명한 분석처럼[67], 이런 장치들이 일정 인구층을 국가의 통제 대상으로 만드는 맥락을 네덜란드 사례는 구체적으로 보여준다.

정치·경제 변동으로 주변부로 밀려난 빈민 입장에서는 기존 질서는 별다른 정당성이 없었다. 그러니 도시 무질서도, 소위 비시민적·반사회적 행위도 더 늘어났다. 범죄에 관한 공공 담론에서는 이제 사회복지국가에서 형벌국가로의 전환이 너무나 당연한 논리가 되었다. 토니 블레어의 신노동당은 언뜻 보기에 좌파 당으로서 균형이 잡힌 듯한 슬로건("tough on crime, tough on the causes of crime" : 범죄를 치려면, 범죄의 원인을 쳐야 한다)을 내세워, 보수당인 토리당의 단골 선거 공약인 억압 정책을 재탕했다. 지금까지는 특히 "범죄만" 그러니까 거리 경범죄만 "쳤다"는 것이다. 이런 새로운 슬로건 때문인지 신노동당이 집권한 후 영국의 수감 인구는 한 달에 수천 명에 이르는 등 막기 힘든 속도로 급증했다. 마거릿 대처 정부 때보다 10배나 빠른 증가세였다. 1998년 봄 급기야 6만 6천 8백 명이라는 기록을 달성했다. 블레어 입각 이후 교도 예산은 더욱 증가하여 1억 1천만 파운드 증액된 반면 사회복지 비용 지출은 거의 늘어나지 않았다.

스웨덴 사회민주당과 프랑스 사회당(각각 1994년, 1997년)은 대선 기간에는 보수당 정부가 가결한 치안 관련 법률을 폐기하겠다는 공약을 내걸었으나 집권한 뒤에는 약속을 지키지 않았다. 최근 프랑스에서는 이런 놀라운 말도 들렸다. 프랑스 자본주의의 모던화와 국가의 축소에 따른 결과로 옛 노동자 거주 지구가 '노는 밭'이 된 이상 그곳 청소년들의 범죄가 더욱 증가할 것이라는 가정에 대해 소위 사회당 정부의 내무부 장관(당시 내무부 장관은 엘리트적 공화주의, 국가지도주의 등을 너무 강조하는 경향이 있는 장-피에르 슈벤느망이었다-옮긴이)이 내놓은 답변이라는 것이 '어린 나무sauvageons'를 가두기 위한 '아동 감옥bagnes pour enfants'을 만들자는 거였다. 이어 역시나 사회당 소속이라는 의원들이 총리에게 낸 보고서에는 올바른 길로 가지 않겠다고 계속 고집하는 비행 청소년들에 대해 그 부모들이라도 경우에 따라 감옥에 보낼 것을 검토하자는 내용까지 있었다.[68] 오늘날 프랑스에서 빈곤과 빈곤이 야기한 혼란을 형벌로 대처하는 것이 얼마나 당연시되고 있는지는 사회당을 대표하는 유명인사인 당시 보건복지부 장관 베르나르 쿠스너('국경없는의사회' 창설자로 좌파 사회당의 대표적 인물이다. 2007년 5월 이후 현

사르코지 우파 정부의 외무부 장관직을 맡으면서 좌파들, 특히 사회당원들의 빈축을 사고 있다-옮긴이)의 발언만 잠시 인용해도 충분하다. 툴루즈의 레느리 구역에서 시위 진압 경찰의 경솔한 발포로 젊은이 한 명이 사망하자 일대 폭동이 일어났다(1988년 12월 13~16일). 그 직후 〈퍼블릭〉이라는 텔레비전 방송(12월 20일)에 출연한 쿠스너는 정부의 대책이 무엇이냐는 질문에 우선 집단 폭력이 폭발한 배경에는 "보건, 학교, 주거, 취로 등 여러 측면에서의 배제"가 있다고 전제하고 누구나 뻔히 아는 사회 구조적 요인을 좌파 정치인답게 장황하게 설명하면서, 정작 폭동이 일어난 지구에서 경찰이 이민자 출신 청년 집단들에게 일상적으로 가하는 폭력에 대해서는 정부 인사로서의 도리 때문인지 언급하지 않았다. 그리고 다음과 같이 강력하게 촉구했다. "이 문제를 '단지' 진압이라는 용어로 해결할 수는 없다."[69] 그렇다면 또 다른 무엇이 필요하다는 걸까? 며칠 후 같은 사회당 동료인 법무부 장관 엘리자베스 기구도 이와 비슷한 제안을 했다. 기구는 1999년 1월 초 한 사회당 지부 회합 때, 1천 5백 명의 지부장 앞에서 나름 과장스럽게 선언할 필요가 있다고 판단했는지 다음과 같이 말했다. "완전 교육만으로도, 완전 진압만으로도 이 문제를 해결할 수 없습니다. 이 둘을 조합해야 합니다."[70] 경찰은 마침내 빈곤 박멸 정책—그것이 빈자 박멸 정책은 아니라면서 쓰는 말이지만—의 최전선에 섰다. 1999년 신년 인사를 기회 삼아 내무부 장관이 전 경찰 직원에게 보낸 공문을 통해 이는 더욱 확실해졌다.[71] "경찰은 절도, 폭력, 범죄와 싸우기 위해 조직되었습니다. 지금은 더욱 그것이 요구됩니다. 사회적 소외라는 악 및 그 파괴적 결과들과 싸워야 합니다. 비생산적 활동, 사회적 취약성, 자포자기 심정들로 겪는 고통들에 이제 답을 줘야 합니다. 존재감을 과시하기 위해 때려 부수려는 의지에 제동을 걸어야 합니다. 오늘날 우리 정부 기관의 최전선이 바로 여기입니다. 여러분의 일상 활동이 전개되어야 할 곳이 바로 여기입니다." 사실상 빈곤 박멸이 경찰의 고유 임무도 아니고 그럴 능력도 수단도 없지만 이제 경찰이 나서서 이런 사회적 업무를 하겠다는 것이다. 고용대책이라는 사회적 업무를 통해 빈곤을 해결하는 것이 아니라 공권력, 치안력이라는 사회적 업무를 통해 빈곤을 해결하겠다는 것 아닌가?

1995년 12월 복지국가의 대폭 축소를 목적으로 한 정부의 구조개혁안에 반대해 총파업이 일어났을 때, 정부는 내일의 사회보장제도를 구하기 위해서는 오늘의 고용 상황 악화는 피할 수 없다며 알랭 쥐페 총리의 구조개혁안을 지지할 것을 촉구했다. 그것이야말로 시민의 용기이며 정치적 신선함이라고 선전했다.[72] 그런데 오늘날 치안 정책에 대해서도 이와 똑같은 일이 벌어지고 있다. 즉 언론계의 자칭 '개혁파'들이 논단에 등장해—이른바 '쥐페 계획'을 지지했던 바로 그 면면이다—진부한 치안 문제에 '메이드 인 USA'라는 번쩍거리는 니스를 칠한 다음 어서 반겨 맞을 것을 촉구한다. 바로 이런 연유로 "공화파 여러분, 이젠 무서워 마십시오!Républicains, n'ayons plus peur!"라는 1998년 9월 《르몽드》 성명 기사가 난 것이다. 이 새로운 공격적 처벌의 도입을 지지하는 서명자들은 자신들의 성명이 도덕적 무게가 있는 동시에 긴급을 요하는 것이라는 사실을 어필하기 위해 고전적 수사법인 '위협 메타포'를 활용했다. 그것은 요컨대 "보다 소중하고 보다 위협받는 공동 자산을 보전하기 위해 또 다른 공동 자산을 한시라도 빨리 버리자"는 논리였다. 미국에서 발명돼 영국에서도 실시되고 있는 이 '법과 질서' 정책을 받아들임으로써 위협받는 민주주의를 지키고 공화국의 재건에 착수하자는 것이었다.[73]

'공화국 재건'을 위해서는 20년에 걸친 통화 및 예산 긴축 정책과 만성적 실업으로 인한 경제 불안 및 빈부 격차를 시정하기 위해 적극적인 대책을 먼저 강구해야 했다. 그러나 이 성명 서명자들이 주로 염두에 둔 것은 훨씬 간단한(게다가 돈 들일 일도 없는) 방법이었다. 즉 국가의 권위를 강조하고, 학교 교육, 가정교육을 통해 공민의식을 주입하고, 지키지 않을 시에는 엄벌하겠다는 법치 만능주의였다. 특히 그 성명에서 분명 '악의 인큐베이터'라 지칭한 '특별인종거주지대'인 이 '탈선 장소'에서, 바로 '우리 도시 외곽'에서 이것이 먼저 실천되어야 한다고 주장했다. 성명에 따르면 우선 이곳 주민은 일이나 성공할 기회가 없어서 고통스러운 것이 아니다. 규칙 위반에 대해 처벌하는 자가 없기 때문이다. 예전에 권위적 질서(아버지, 교사, 시장, 대령, 상사, 직장 선배, 당 지부장)의 전형(물론 모두 남성)에 바쳐졌던 '공경 사상'이 붕괴한 데다 '법의 권위'를 무시하고 '직접 행동'으로 보여주는 '정글 세계'가 되었기 때문이다. 레지스 드브레(Régis Debray: 1940~, 젊은 시절 체 게바라 게릴라 부대의 일원으로 활동한 전력이 있으나 체포당한 후 고문과 회유에 못 이겨 당시 볼리비아 정부군을 지도했던 CIA에게 게바라의 위치를 알려줬다는 증언이 있다.

이후 프랑스로 돌아오면서 아옌데의 친서를 미테랑 당시 사회당 당수에게 전달해준 인연으로 미테랑 집권 후 그의 비서가 되었다. 좌파 지식인의 외양 속에 변절자 모습을 보이는가 하면, 인간 및 역사에 대한 환멸에서 기인한 듯한 도덕주의, 초월주의, 영웅주의의 메시지가 농후한 철학 및 종교, 미디어에 관한 다수의 책을 썼다-옮긴이) 및 그 공동 서명자들은 1968년 미국을 뒤흔든 저항운동 및 도시 폭동에 직면해 리처드 닉슨이 들고 나온 논리를 30년 후에 똑같이 반복한 셈이다. 닉슨주의는 이 나라가 생기고 나서 처음으로 겪게 된 사회 · 인종 봉기에 대처하기 위한 지침서가 되었다.[74]

프랑스의 형벌국가 지지자는 '원칙을 지키는 즐거움이 즐거움의 원칙'인 '정의의 사도'들을 구식이라 비웃는다. '처벌 아닌 예방을 원하는 착한 심성의 법'에 어린애 같은 집착을 보이는 '박애의 자매님' 같은 행동 역시나 비웃는다. 또한 현행 좌파 정책의 한 부분인 SAMU(프랑스 식 의료응급 시스템. 미국식 응급의료 체계와는 달리, 즉 응급 환자를 구급차에 실어서 병원에 데려오는 시스템이 아니라 의사가 구급차에 반드시 동승하여 환자에게 먼저 가는 시스템이다-옮긴이) 식 국가 원조를 비판하며 모든 이들이 평등한 사회를 만들기 위해 '법의 제국'을 재건하자고 주장하였다. 경찰의 근면과 법원의 엄정함과 더불어 마술처럼 학교의 문을, 고용의 문을, 시민 참여의 문을 활짝 열고, 땅에 떨어진 정치권력의 정당성을, 경제적 · 사회적 정치력의 정당성을 재건하기 위해서라도 형벌 제도가 그 감시대가 되어야 한다고 했다. 안전이라는 새로운 종교의 '예루살렘'이 된 뉴욕의 소위 '깨진 유리창 조각' 독트린의 성공을 예시하며 개종을 권고하고, "내일 커지게 될 반사회성을 치유하려면 작은 반사회성에 대해 톨레랑스 제로를 보이는 것"이 상책이라고 주장했다. 그리고 도시의 야생 나무들을 적절히 길들여야 한다고도 했다. 정글이라는 말이 암시하는 것처럼 야만적 짐승이 되지 않도록 책임을 지게 하고, 벌을 줘야 한다는 것이다. 야만 상태로 떨어진 빈민 계층 분파를 다시 일으켜 세워야 한다는 것이다.

책임주의, 이것 역시나 미국에서 직수입한 것이다. '책임, 기회, 공동체'를 표어로 내세웠던 클린턴 대선 운동의 물신적 테마도 이것이었다. 토니 블레어도 선거운동 때 일찌감치 이를 모방했다. 지금 프랑스에서 주문처럼 외우는 표어는 이런 것이다. '사회적 행동에 있어서 성인의 책임 다하기' '공공 부문 서비스에 있어서 성인의 책임 다하기' '일상의 반사회적 행동에 대한 공권력의 책임 다하기'(남용, 차별, 무시 등 자신들의 권위적, 일상화된 반사회적 행동에 대해서는 책임을 다하지 않으면서), '국적 취득을 원하는 외국인의 책임 다하기' '프랑스는 원치 않는 이민자를 프랑스에 끝끝내 보내겠다는 프랑스 국제 파트너들의 책임 다하기'(이민과 범죄 사이의 연관 관계를 암시하는 식으로. 전자를 없애야 후자가 없어진다는 식으로).[75] '어디를 가나 규율 방침을 외우고 다녀야 하는 학생들의 책임 다하기', 그리고 끝으로 '형사 책임의 연령이 낮아져 더 강화된 미성년자들의 책임 다하기'(우연의 일치는 아닌데, 미국과 영국 둘 다 반사회적 행동을 하는 미성년 아동을 체포 및 구속하는 법안을 막 가결했다). 이제 10세에는 망을 보고, 13세에는 자동차를 훔치고, 16세에는 사람을 죽이게 생겼다는 것이다(아주 무서운 새로운 사회적 현상이 나타났다고 움찔하며)!

따라서 엄중한 처벌만이 책임을 지우고, 제도를 정착시키는 유일한 수단이라고 본다. 그리고 빈곤의 형사 처벌(다시 말하지만, 소위 공화주의자가 이런 발상을 한다!)을 거부하는 것은 '지옥으로 가는 첫 디딤돌'을 딛는 것이다. 이들은 10여 년 전 이미 프랑스에서 마약 사범 수감 인원이 폭발한 것을 아는지 모르는지,[76] 연성 마약 거래 및 사용자에 대한 사법 처리가 너무 미약하다며 거세게 비판한다. 이들은 공개적으로 경범죄를 위한 1년 미만의 징역형이 여러 판결에서 더 이상 적용되지 않고 있다며 한탄한다. 만일 이런 이원 형벌 체제(dualisation pénale: 미미한 경범죄는 단기 징역형이 범죄 행위를 줄이는 데 별 효과가 없다고 보고, 봉사활동 등 다른 대안 형을 찾는 대신 중범죄는 형을 늘리는 이원 체제-옮긴이)가 없으면,[77] 유럽 국가의 수감 인구 또한 미국처럼 증대할 가능성을 안고 있음을 잊은 것 같다. 이들은 사법 제도가 계쟁 중인 문제의 일부만 해결하는 한계를 갖는 것에 무척 분노하는 것 같다. 사법적 수단이 미흡하다며 흠칫 놀란다. 사태의 심각성을 더욱 사실적으로 알리기 위해 리얼리티 쇼를 예고하듯 한다. 그들의 경계주의보성 상상력을 다른 사람들과 나누고자 한다(이슈를 드라마 쓰듯 과장하며). 레지스 드브레 및 그 공동 서명자들은 그들의 환상이 부른 '특별인종거주지대'(그런 곳이 어디 있는지 알고 싶지만, 그들의 상상력이 발휘되는 머릿속이지 어디 다른 데가 아니다)니 '시테(cité: 도시라는 뜻에 불과하지만 프랑스에서는 외국인 이민자 층이 주로 사는 집단 거주촌을 의미한다-옮긴이) 코카인'(《르몽드》 편집국에서 친절하게도 직접 이런 제목을 붙여주었다) 같은 단어를 써가며 그런 안일한 사법 태도로는 각종 범죄 행위들, 심지어 살인 행위도 결코 중대 사안으로 인

식하지 못할 것이라며 재앙을 우려하는 각종 언사를 살포했다.[78]

이런 불굴의 호소에서—이 저자들은 "좋은 저자들에게 허락되어야 할 사상"을 검열하고, 그들의 이념을(어디서 기초된 이념인지는 모르겠지만) 방해하는 '위협'에 결연히 맞서겠다고 했다—본래 중요한 것은 그 동기가 아니라 호소의 존재성 그 자체이다. 이는 다수 좌파가 집권한 이래 행정부서 복도에서 나온 말을 엮은 데 지나지 않는다. 집권 초기부터 조스팽 정부의 형벌 수정주의의 방향타가 되었던 슬로건을 이들은 토씨 하나 틀리지 않고 그대로 반복한다. 1997년 6월 입후보 연설 때부터 새 총리가 될 조스팽은 안전 문제를 '국가의 근원적 의무'란에 올려놓았다. 6개월 후 '시민의 자유를 위한 안전 도시'에 관한 빌팽트 심포지엄(파리 북부 생-드니 지역 빌팽트에서 정례적으로 열리는 치안 및 사회 문제 관련 심포지엄. 관계 부서 장관, 정치인들이 대거 참여한다-옮긴이)에서 실업 정책(국민을 후원하는 아버지 정부로서 국민의 사회적 권리 및 노동 권리는 지켜주지 않으면서, 이런 '톨레랑스 제로'는 신기하게도 전혀 문제 삼지 않으면서)과 동등하게 안전 문제는 현 정부가 절대적으로 우선해서 해결해야 할 사안으로 떠올랐다. 이 성명 논단에서 읽을 수 있는 것이라곤, 늙고 속물근성이 밴 옛 좌파와 공산주의자가 방출하는 완전 씁쓸한 파생물이다. 젊은 시절 한때 조롱하며 싸웠던 대상인 권위의 힘을 뒤늦게나마 발견했는지, 이제 찾는 것이라곤 권위의 미덕에 기댄 윤택하고 안락한 생활이다. 국가 행동의 틀과 양식을 경제적·사회적 구도에서는 아주 제한적으로 하고, 경찰 및 사법 분야에서는 매우 확대하는 식으로 재정의함으로써 그야말로 이 시대 좌파 정부의 속내가 '아지오나르멘토'

(Aggionarmento: 빛에 노출되면서 폭로되는 현상을 뜻함-옮긴이)되고 있는 것이다.

드브레 및 그 동참자의 생각은 범죄란 이례적인 것이며 법이 그것을 해결해줄 것이라고 믿는 순진한 가정에서 나온다. 그러나 진실은 이와 정반대다. 유럽 국가 젊은이의 범죄 빈도에 관한 연구 조사에 따르면, 가령 이들 대다수(3분의 2 혹은 10분의 9)가 1년에 적어도 한 건 이상의 범법 행위(기물 파손, 무기 소지, 마약 복용, 난투극, 소란 소동, 가족 외의 사람에 대한 폭력 행사 등)를 했다.[79] 이들은 도시 외곽 지대 폭력 및 범죄에 대해서만 들었지 현대 프랑스의 도시나 형무소의 현실에 대해서는 놀랍도록 무지한 편이다. 소위 도시 외곽 폭력이 '폭발'했다고 하지만, 폭발까지는 아니며(앞에서 제시한 통계를 자세히 들여다보면 알겠지만), 그들이 요란법석을 떨며 요구하는 치안 및 사법 제도의 강화는 이미 진행되고 있음에도 '공화주의 재건'의 징후는 한줄기도 보이지 않는다. 20년 사이 프랑스 수감 인구가 2배로 늘어났으나 그동안에도 공화국의 위기 징후는 계속해서 나타나고 있을 뿐이다. 수감자가 2배로 더 늘어나야 악이 마침내 치료제를 찾게 될까(오늘날 미국에서 감옥 만능주의를 추종하는 광신자들이 말하듯)?

'개인적 책임성'을 외치는 나팔을 입에 대고, 범죄 청년 혹은 으레 그렇게 믿어지는 자들에 대한 조치를 강화해야 그들이 스스로 행동을 자제할 것이라고 주장하는 것이 비단 프랑스 좌파 정부만은 아니다. 사법적 정의正義라는 국가 고유의 이미지가 지난 몇 년 동안 제대로 발휘되지 않은 점을 재차 인식하며 이것을 국민들에게 고취시킬 때가 된 것이라고 생각하는 것이다. 형사 책임을 져야 하는 미성년의 연령대를 낮추고, 시민적, 더 나아가 형벌 분야에서 부모의 연대 책임을 강조하기 위한 유사 조처들이 최근 스페인, 이탈리아 의회에서 논의되었고 네덜란드, 독일의 공공 토론장에서도 자주 언급되었다. 유럽 형벌 제도와 그 실무를 '미국화'하는 교량 역할을 했던 영국에서는 이를 벌써 시행했다. 1998년 범죄 및 무질서에 관한 법률은 10~13세 미성년 아동에 대한 '형사 책임 무능력doli incapax' 제도를 폐지했고, 10세 미만 아동의 야간 통행금지제를 도입했으며, 10세 이상 소년의 보호감찰제 및 '반사회적 행동'을 한 12세 이상 소년의 구속 조치를 허가했다.

이전 보수당 정권보다 더 강경해진 신노동당 정부 및 민영 교도소의 후원 아래 1998년 봄 유럽 최초의 소년 교도소가 켄트에서 문을 연 것은 이런 배경에서다. 유연한 고용시장의 견인차가 되는 데 만족하지 못하고, 아니 완전 정신 나간 듯 민영화를 통해 국가가 시장으로부터 완전 철수하는 나라들의 리더가 되는 데 만족하지 못하고, 영국은 마침내 교도소까지 민영화함으로써 루비콘 강을 건넜다 수익성을 목표로 하는 11개의 사설 교도소가 운영되기 시작했고, 곧 개소를 앞두고 있는 5개의 교도소가 건설 중이다. 미국에서처럼 형무 영업자에게는 청소년 범죄 처리 다음으로 불법 이민자의 투옥 및 수감이 주요 사업이다. 지금은 물량이 너무 많아 주로 하청에 의존한다.[80] 그리고 미국에서처럼 형무 회사 경영진은 민간에 도움을 청하는 것이 더 효과적이고 경제적인 방법이라는 것을, 폭증하는 빈민 수감 인구를 다 소화하기 위해서라도 어쩔 수 없는 조치라는 것을 여론에 더 잘 인식시키기 위해 교도 행정 전문 공무원을 이사로 앉혔다.

이미 말했듯이 신보수주의자들과 그 연합 세력이라 할 정계, 언론계, 학계가 두루 얽힌 조직망을 통해 유럽에 신자유주의 형벌 제도라는 일반 상식이 보급되었다. 이에 따라 미성년 범죄 및 단순 불법 행위에 대한 진압이 강화되었으며, 형량은 더욱 무거워졌고, 청소년 범죄 특별 전담성이 약화되었으며, 소위 위험 세력으로 지정된 지역 및 주민에 대한 집중 겨냥 그리고 형무 행정의 규제 완화, 공영, 민영으로의 형무 업무 분할 등이 나타났다.[81] 신형벌 제도는 경제, 사회 분야의 신자유주의 상식과 완벽한 조화를 이루어, 죄와 벌 분야에까지 경제적 사고 양식 및 시장 효과, 개인의 책임 의무—집단적 책임과 의무는 묻지 않으면서—의 도그마가 확대되었다. 시민성에 관한 정치적 사고는 모두 머릿속에서 비우고, 대신 신자유주의 상식을 채워 넣었다.

20여 년 전부터 '시장 복음주의자들'이 선호하는 땅이 된 영국은 한편에서는 공공 서비스 분야를 민영화하고, 사회복지 비용을 긴축하고, 저임금 노동을 보편화함으로써 그런 고용 규준을 고착화하고, 언제든 제재를 당할 각오와 함께 빈약한 공공 사회보조금이나마 받는 일에 감사하게 만들었다.[82] 또 한편에서는 형벌 정책을 강화하고 구속 조치를 늘림으로써 미국을 본떠 형무 행정 예산이 1979년 이후 모든 공공 지출 가운데 가장 뚜렷한 성장세를 보이게 됐다.

영국의 수감 인구는 서서히 증가하였으나 계속되는 교도소 폭동 사태로 1991년 형벌에 관한 법률 개정과 함께 특히 1990~1993년 잠시 주춤했다가 마거릿 대처 정부 때 확실한 증가 추세를 보였다. 이어 1993년과 1998년 사이 갑작스레 팽창해 4만 5천 명에 불과하던 수감자가 5년 만에 6만 7천 명까지 늘어나 주민 10만 명당 120명의 수감자라는 최고 기록을 달성했다. 한편 범죄율은 같은 기간 규칙적인 감소 추세를 보였다. 같은 시기 하청 민영 형무소에 수감된 죄수 수가 198명에서 3천 7백 7명으로 훌쩍 뛰었으며(연평균 350퍼센트 성장), 다시 3년 후에 2배로 늘어났다.[83] 이런 추세라면 영국은 곧 형무소 인플레이션 및 벌의 상업화 경쟁에서 미국을 따라잡을 수도 있을 것이다.

미국에서는 반세기 동안 거의 죽어 있던 형무소를 이후 영리성을 내걸고 새로 깨어나게 만든 것이 경영자들이었다면, 영국에서는 성전聖戰을 치르듯 대단한 열성과 성심으로 민영화 정책을 추진한 것이 바로 국가였다. 전 분야에서의 시장 우선이라는 도그마를 구체화하는 이런 정책은 한편으로는 공공 자산 '상업화'의 개척자인 미국(레이건 정부 때)을 충실히 모방한(1986년 미국교정연합의 초대로 미국의 한 학술 시찰에 참여한 영국 상원 내무위원장 에드워드 가디너 경은 민영 교도소의 매력에 푹 빠졌다) 것이다. 또 한편으로는 신보수주의 싱크탱크가 실시한 이념 대공사(애덤 스미스 연구소가 1987년 출판한 보고서는 이제 '형무 서비스' 공급에서 '공공의 독점'을 종결해야 한다고 주장했다)를 충실히 따른 것이다. 또한 몇몇 진보적 지식인의 돌변(교도소 내부 개혁은 아무리 해봤자 재소자의 단기 교정밖에 되지 않는다고 생각한 미국 지식인의 10년 전 오류를 그대로 반복했다) 때문에 이런 주장에 더 혹하게 되었다.

민간에 도움을 청하면 비용이 감소될 뿐만 아니라 '생산품'의 개선도 이루어질 수 있다는 낙관적인 전망만 믿고, 그런 논의를 뒷받침할 만한 어떤 연구나 조사도 하지 않은 채 1991년 교도소 최초의 민간 이양이 서명되었다. 1992년 교도 행정 담당국은 국가적 교도 사업도 민영화할 수 있다는 것을 보여주기 위해 맨체스터 감옥 재개발(1990년 4월 폭동으로 모두 다 파괴된) 사업에 경쟁 입찰 방식을 권고하고 나섰다. 또한 1989년 미국교정연합 호주 지사의 수익을 위해 사설 감옥을 도입한 오스트레일리아 퀸슬랜드 주는 형무 행정 노조를 와해하겠다는 명확한 목표와 결의를 드러내기도 했다.[84]

신노동당이 야당이었을 때는 그들의 신에게 맹세하며 "신성한 국가 업무인 형벌권을 가지고 영리를 목적으로 장사를 하다니! 그런 사설 업체를 폐지"하겠다고 했다. 그런 일은 정말 "도덕적으로 혐오스러운 일이었기 때문이다." 또 1994년에는 토리당 때 개업한 사설 형무소들을 공공의 품으로 돌려놓겠다고 약속했다. 하지만 1998년 4월, 토니 블레어에게 다우닝 스트리트 10번가의 문을 활짝 열어준 선거 기간에 신노동당원들은 그들 반대 진영인 보수당의 형벌 및 교도 정책을 더욱 완비하겠다며 표변했다. 한때 좌파이자 미래의 내무부 장관이 될 잭 스트로는 중개상인들과 이미 체결한 계약들이라 정부가 그 계약들을 다 파기하기에는 너무 큰 비용이 드니 그냥 유지하는 게 좋겠다고 했다. 대신 새로운 사설 형무소는 개업하지 않겠다고 했다. 그런데 겨우 한 달이 지나자마자, 대선에서 승리하기가 무섭게 잭 스트로는 계약이 이미 만기에 달한 미들랜드 민영 형무소 블래큰허스트Blackenhurst

를 국유화하는 것은 사실상 불가능하다고 의회에서 말했다. 그리고 교도 민영 회사들에게 두 개의 신설 교도소 건설 및 한 개의 교도소 재개발 사업 입찰에 나설 수 있도록 해주었다. "도덕적으로 혐오스러운 일"이었는데, 이제 영리를 목적으로 한 감옥에 원조를 요청하는 일이 미국을 본떠 영국 형벌 정책의 거시적 차원이자 단기적 실제 업무가 되었다.[85] 다가올 10년 동안 새로운 형무소가 20여 개는 더 세워질 판이다. 노동당 정부가 과거 10여 년 동안 유례 없는 형무소 인플레이션을 만들어냈기 때문이다.

존 메이저 정부 때 시도된 빈곤의 형벌 정책을 더욱 확대 강화하면서 자기 잇속을 차릴 대로 차린 것이 신노동당이다.[86] 내세운 명분은 형벌 정책이 불안정 고용, 저임금 노동, 축소된 사회보장 등을 해결하기 위한 필요불가결한 보충 사항이라는 것이었다. 사실 신노동당은 자본주의와 사회민주주의 사이의 '제3의 길'이라는 시금석을 놓은 당사자들이다. 경제 규제 완화와 형벌 규제 강화는 잘 나가는 한 쌍이 되었다. 사회복지 투자 완화가 복지국가의 와해를 야기하자, 계층 구조 하부에서는 불가피한 물리적 불안이 야기되었다. 그 보편화된 불안전으로 초래될 사회 해체를 저지하기 위한 유일한 수단으로 형무 예산의 초과 투자가 요구되었다!

영국 빈민 형무소 민영 시장에서 가장 잘 나가는 4대 기업은 그야말로 미래가 아주 밝을 것이다. 이 4개 회사를 보자.

1) 그룹 포Groupe 4: 형무 시장의 리더 격으로, 스웨덴 계열 종합회사 세쿠리타스 인터내셔널Securitas International의 지사. 그 경영진은 전

前 총리를 위시하여 수익을 위한 형무 행정 업무를 담당한 바 있는 고급 공무원 출신으로 이루어져 있다.

2) UKDSUnited Kingdom Detention Services: 미국교정연합 교도소가 출자한 계열회사이자 소덱소Sodexho 프랑스계 다국적 외식업체의 합작 회사. 1986년 시라크 정부 때 추진한 '플랜 13000'을 위해 프랑스의 여러 반半민영 교도 사업을 도맡은 바 있다.

3) 프르미에 프리종Premier Prison: 개트윅Gatwick이라는 비참하기로 유명한 외국인 추방 센터 담당의 영국계 기업 세르코Serco와 미국업계에서 제2위를 달리는 왜켄허트의 출자 회사.

4) 세큐리커Securicor: 사장이 옛 토리당 의원의 형제로, 스코틀랜드 야드(Scotland Yard: 영국 런던경찰국의 별칭)를 비롯, 대도시 경찰청장들과 긴밀한 관계를 유지하며 급성장했다.

이런 회사들이 영불해협을 건너는 기회를 놓칠 리 없었다. 대서양 미국 동업자들은 기회만 주어지면 민영 교도업이 에너지 산업, 보험업, 은행업처럼 수지가 맞는 일이며 특히 수감 인원을 조절함으로써 노동시장의 유연성을 꾀해 고용의 불안정성을 해결하는 본격적인 발판이 될 수 있다고 설득했다.

화폐 통합에 이은
경찰 및 감옥 통합

　바야흐로 학교, 기업, 구區, 시 등의 안전 재구축을 위해 공공장소에 단속원이 증가했다. 전 대륙에 걸쳐 공공질서를 해하는 행위에 대한 사전 조처 및 진압 또한 더욱 심해졌다. 도시 미화를 위해 부랑아, 노숙자에 대한 경찰 단속 및 검거도 늘어났다.[87] 청소년의 야간 통행금지가 특히 빈곤 지구에서 차별적으로 강경하게 실시되었다(프랑스에서도 가끔 그랬지만 이건 완전 불법이다). 또한 공공장소 및 대중교통 구역에 감시 카메라가 무차별 설치되었고, 범죄자의 투옥을 대체하는 것이 아니라 더 늘어나게 만드는 전자 감시 장치도 이 빈곤 집단 구역에 집중적으로 설치됐다. 이러한 치안 분위기 조성은 국가가 범죄를 본질적으로 해결할 만한 능력이 사실 없는데, 그것을 부인하기 위해 보이는 '히스테릭한' 행위로, 사회학자 데이비드 갤런드가 주장한 것처럼, 국가는 자신의 책임을 회피하는 대신, 그 책임을 소위 '불량' 시민에게 전가함으로써 공공장소에서의 통제 문화를 당연한 것으로 만들었다.[88] 이 모든 것은 빈곤 처벌 확대라는 기본 경향을 드러내는 것이자, 역설적으로는 국가의 사회적 개입 능력의 둔화를 드러내는 것이다. 이것은 가장 강력한 경제 법칙인 전지전능한 '시장'에 맞서야 할 국가로서의 특권을 포기한 데서 기인한 것이다. 이를 위해 다음과 같은 가설을 더욱 발전시킨다. 빈곤을 복지 아닌 형벌로 다스리려는 정책으로 변화시킬 수밖에 없는 이유는 사회 공공 분야에도 신자유주의 이론이 도입될 수밖에 없고 더 나아가 상업화할 수밖에 없다는 현실적인 인식 때문이라는 것, 또한 문제의 복지국가도 애초부터 '덜 보호적'이기 때문이라는 것이다.

영국이 유럽연합 가운데 가장 높은 수감률(지난해 가장 급속히 증가)을 보이고, 동시에 가장 규제 완화적인 노동시장을 가지고 있고, 가장 깊은 사회적 불평등(다른 어떤 나라보다 빠른 속도로 골이 깊어진)을 안고 있고, 가장 '미국화'되었으면서[89] 가장 협소한 사회보호 시스템을 갖고 있는 것이 그저 우연은 아니다. 사회복지국가의 와해를 겨냥한 내부 및 외부 압력에 맞서 가장 잘 저항하면서, 집단적 위험의 분담 및 재분배 제도가 가장 착실히 뿌리박힌 스칸디나비아 국가들이 그나마 사회보호 시스템이 가장 덜 망가진 것 또한 우연이 아니다. 스웨덴의 수감 인원은 완만한 상승, 노르웨이, 덴마크는 거의 정체, 핀란드(사회민주주의를 고수하기 위해 가장 애쓰는 나라다)는 눈에 띌 정도로 감소 추세다. 사회 불안 조장 세력을 무조건 반사적으로 형사 처벌하는 나라들만 보다가 고육지책으로 어쩔 수 없이 시행하는 나라를 보는 것은 그나마

다행한 일이라 하겠다. 라틴 나라들, 즉 스페인, 포르투갈, 이탈리아에서 형무소 수감 인구가 지난해 갑작스럽게 팽창한 것은 다른 나라에 비해 이미 상대적으로 적은 사회보장을 더 긴축하고, 노동시장을 소위 모던화해서이다. 영국 모델(결국에는 미국 모델)을 카피하여 해고 조건을 더 유연하게 하고, 노동력 착취 조건을 더 확대해서일 뿐이다. 영국, 프랑스, 독일, 네덜란드, 스웨덴, 뉴질랜드 등에 대한 비교 연구에 따르면 수감률에 있어서 국가적 차이 및 그 전개 과정은 각 나라가 게시한 범죄율의 차이로만 설명되지 않는다. 사회복지 대 형벌 정책의 차이 및 그것들이 게시하는 사회경제적 불평등의 정도로 설명된다.[90]

노동시장의 규제 완화 및 임금 위협(실직, 병, 퇴직)에 맞서기 위한 집단 보호 장치를 지난날 애써 만들어놓았지만, 아래로부터의 조정(사회보장 축소) 및 위에서부터의 조정(강경 형벌 정책) 때문에 이 집단 보호 정책은 서서히 와해되었다. 소위 유럽 좌파 지도자들이 공화주의를 들먹이며 가장 고전적인 치안 개념을 들먹이고 각종 조치들을 파급시키는 이런 좌파-우파 근사近似 현상은 어떤 전조를 보여준다 하겠다. 아마도 이와 같은 정책을 정당화하려고 이런저런 이유를 끌어다 붙일 것이다. 사회보장비의 부족을 지적하는 목소리를 내는가 하면 범죄의 엄벌화 이데올로기에 따라 형무소의 확대를 부르짖기도 할 것이다. 또 재정 긴축과 인플레 방지 관점에서 복지국가의 '방만' 재정을 비난하거나, 거꾸로 경찰과 사법의 관점에서 복지국가의 '방만'을 추궁하는 목소리도 낼 것이다.

유럽 임금 경제 '자유화'로 인한 수익, 다시 말해 노동력 착취를 용인하게 만드는 노동시장 규제 완화를 통한 수익만 따질 것이 아니라 이로 인해 사회 구조 바닥부에 생겨나는 대량 빈곤층을 경찰 감시 아래 두고 투옥하는 데 들어가는 재정적·사회적·인적 비용을 따져보는 일이 더 시급하다. 이 비용은 장기간에 걸쳐 누적되기 때문에 견적도 나오지 않고, 좀처럼 눈에 잡히지도 않지만 그것이 막대하다는 것은 분명하다. 미국의 경우, 웨스턴과 베케트가 설명하듯 수감 인구 증가가 단기적으로는 구직 인구를 통계에서 빼냄으로써 인위적으로 실업률을 떨어뜨리는 효과가 있었다. 하지만 중장기적으로는 고용을 더욱 어렵게 만들어 실업을 심화한다. 매우 열악한 노동시장에조차 고용될 수 없는 극빈층은 감옥으로 간다.[91] 인구 일부를 투옥시켜 얻는 효과는? 일정 구역을 직접 감시 체제 아래 놓아 얻는 효과는? 한마디로 총체적인 침체이다. 학업, 취업, 결혼 계획의 전면적인 차질, 가정 불안, 사회 조직에서의 소외, 빈민가에 그냥 처박히기, 사회에 대한 불만, 정부에 대한 반발, 자포자기, 반항, 온갖 정신적 병리 현상들, 고통, 감옥행이라는 통과의례, 인간 불신, 상호 폭력.

도로 경주에서 기권 선수를 싣고 가는 자동차처럼 된 감옥은 쓸모없고 달갑지 않고 위험하기까지 한 하층 무산계급을 긁어모아 창고에 집어넣는 데서 끝나지 않고, 빈곤을 은폐하고 그 가장 파괴적인 결과물을 중화시킨다. 우리가 흔히 간과하지만, 형무제 자체가 사회적 불안정과 고립무원을 더 확대하고 영속화한다. 빈자를 위한 것이라는 온갖 기관과 제도는 환상에 불과한 안전 지상주의 때문에 오히려 범죄 환경을 조장한다. 문화적 동질성을 상실케 하고 가난을 더욱 가난하게 만든다. 아들, 남편, 아버지, 봉급쟁이, 실업자, 병자, 마르세유 사람, 마드리드 사람 기타 등등 이른바 개인적·사회적 신분에다 '죄수'라는 불명예스러운 꼬리표를 달아줌으로써 이들을 빠져나올 수 없는 빈곤의 소용돌이에 몰아넣는다. 극빈자들을 향한 국가 사회 정책은 이렇게 무서운 얼굴을 숨기고 있는 것이다. 특히나 전과자에게는 마르고 닳도록 강경 발언이 쏟아진다. 이를 아주 당연한 것으로 만들며 징역 제도를 더 강화해야 할 필요성을 설파한다. 전과자가 완전히 새 사람이 될 때까지 '별 세 개짜리' 감옥을 제공하겠다는 편집증을 보인다.

프랑스 7개 형무소를 대상으로 실시한 심층 조사는 수감자들이 안으로는 교도소 내 안전 명령 체계에 의해, 또 밖으로는 사법 장치의 요구 사항 및 법령에 의해 어떻게 충격 여파 혹은 파열 여파를 받아 무너지는지 잘 보여준다. 한마디로 말해 빈곤 사다리에서 어떻게 더 아래로 미끄러지는지. 처음부터 없던 자가 더 거칠게 하강한다.[92] 감방의 문지방을 넘는 자는 우선 무직자, 무주택자, 사회보조금 수급의 부분 혹은 전면 정지자이다. 이 물질적 빈곤은 수감자 가족에게 바로 영향을 끼쳐 그 반동으로 가족 관계의 이완을 부른다. 가족 및 친지간의 관계 악화(동반자 혹은 아내와의 별거, 이혼, 아이들 여기저기 맡기기, 점점 소원해지는 친구 관계)로 이어지는 것이다. 그들은 감옥 군도群島 내를 이리저리 옮겨 다니며 시간을 죽여야 한다. 감방에서 압수당하는 시간만큼이나 개인 물품 역시 압수당한다. 취약하지만 그나마 있는 직업노동, 교육, 집단 여가 등을 위한 시설 이용도 힘들어진다.

외출 허가든 조건부든 형기 만료 방면이든 이윽고 출소하면 다시 새로운 빈곤이 기다린다. 출소로 우선 기본 지출이 발생한다(교통비, 의복비, 가족 선물. 출소와 함께 소비 갈증이 이는 것은 당연하다). 감옥 안에 있는 동안에는 잠정적으로 보류되었던 가난 문제가 불쑥 다시 튀어나온다. "교도소가 기본적으로 재소자를 외부와 차단시키는 기관인 이상 재소자가 바깥 세상에서 적응할 수 있도록 돕는 것은 부차적인 문제이다. 또한 재소자의 안전보다는 사회의 안전을 기하는(허상에 불과하지만) 기관인 이상 재소자를 돈 벌게 해줄 여유는 없다."[93]

수감자의 극빈 현상은 형무 자료에 의해서도 확인된다. 프랑스의 경우, 석방 시 출소자의 60퍼센트가 무직이며, 12퍼센트가 집이 없다. 25퍼센트 이상이 거의 한 푼도 없다. 이민자 출신 수감자의 경우는 상황이 더 심각하다. 68퍼센트가 무직, 29퍼센트가 집이 없고, 30퍼센트가 거의 한 푼도 없다. 절반가량이 감옥살이를 하는 동안 단 한 명의 친지 방문도 없었으며, 3분의 1가량은 출소해도 기다리는 사람 하나 없다. 세 명 중 한 명이 이 세 가지 곤란을 다 안고 있다. 이들이 직면한 애로사항을 보거나 외적 지원 수단이 거의 전무한 것을 감안하면 사회 재통합이란 요행에 불과해 보인다.[94]

더 심각한 문제가 있다. 수감자의 빈곤이 수감자에게서 끝나는 것이 아니라 감옥 벽을 타고 바깥으로 넘어간다는 것이다. 감옥이 '방출'한 가난은 거기에 굴하는 가족과 그 구역에까지 미친다. 따라서 형무소에 의한 빈곤 관리는 빈곤이 관리되기는커녕 관리 그 자체 때문에 빈곤을 더 확대재생산할 뿐이다. 빈곤층을 투옥하면 할수록 빈곤은 점점 고착화

프랑스 수감자를 위한 RMI(최저소득보조비)

미국은 사회적 재분배에 있어서 2백만 수감자를 체계적으로 배제한다. 프랑스라고 더 나을 것도 없다. 프랑스의 5만 4천 명의 수감자는 대부분 최저소득보조비 지급 대상에서 제외되어 있다. 실상 노동시장에서도 소외되고 재산이나 저축이 아주 조금밖에 없어서(그것도 있을 때의 애기고) 본래대로라면 최저생활보장 대상이 되어야 하는데도 말이다. 운 좋게 조건이 되면 노령수당, 장애수당, 미망인수당 등을 계속 받을 수는 있지만 그 수는 통계상 극히 적다. 한편 이들은 연대특별수당ASS, 편부모수당API, 실업보험금(가입자가 분담금을 내는) 등은 받을 수 없다. 그리고 1988년 12월 로카르 정부에 의해 비밀리에 처리된 '반역자 적용법'—RMI(최저소득보조비) 법에 관한 국회 발언에서 장-미셸 벨로르제가 쓴 무서운 표현*—에 따라 구금 60일이 넘는 수감자들은 사회 복귀를 위한 최저생활비 수급자에서 제외됐다. 그러나 알겠지만 이 진짜 죄수들, 장기 구속자들이야말로 사회 복귀를 위한 생활비가, 금전적 도움이 절대적으로 필요한 자들이다.

수감자에게 최저소득보조비를 계속 지급하면 4가지 이점이 있을 수 있다. 우선, 감옥 내에서의 커다란 계층 격차를 줄이고 수인 간의 심대한 불공평을 완화할 수 있다. 두 번째는 수인의 태반이 극히 가난하기 때문에 일어나는 불법 거래나 공갈, 폭행을 방지함으로써 교도소 내 질서 유지에 용이하다(바로 이런 이유로 많은 교도소장이 이를 찬성한다). 재소자들에게 가장 필요한 것이지만 비용이 드는 훈련 교육비는 바라지도 못하지만, 겨우 일상 생필품인 비누(세면, 식기 세척, 빨래에 동시에 쓰는), 위생 도구, 담배, 식권 등을 얻기 위해, 혹은 영양 개선을 위해, 의약품을 사기 위해 재소자 상당수가 매춘을 한다.** 이런 사실은 교도소 관계자들 사이에는 공공연한 비밀이다. 국가는 이들의 자유를 박탈할 뿐만 아니라 물리적으로나 정신적으로나 더 비참지경으로 몰아넣는다. 세 번째로 최저소득보조비는 수감자에 대한 재정 부담을 그들 가족한테 지우지 않음으로써 가정의 연대를 파괴하지 않을 수 있다. 징역살이 비용은 부모한테도 과도한 부담이다. 수감으로 인한 수입 상실만 해도 손해인데, 여기에 다른 비용이 추가된다(속옷, 식권, 면회를 위한 교통비, 변호사비, 소송비 등). 마지막 네 번째로는, 일반법에서 정한 규정에 따라 수급 조건을 다 채운 자들에게 이런 수당을 불입하면 수감자도 여전히 사회 공동체의 일원이라는, 시민이라는 의식을 가지고 형을 살 수 있다. 따라서 사회 복귀를 더 잘 준비할 수 있게 한다는 상징적인 의미도 있다. 감옥에 있다는 이유로 시민으로서의 사회적 권리를 다 박탈당할 수는 없다. 이것은 법적으로도 정당성이 없다. 이런 권한 박탈은 국민에게 이중형을 가하는 것이다. 더욱이 외국인은 이 최저소득보조비 수급 대상에서 제외된 지 오래다.

* "수감자도 다른 사람처럼 빈민이다(Les détenus sont des pauvres comme les autres)," *Dedans, Dehors*, 8, 7~8월호, 1998, p. 3.
** 형무소 내 성폭력의 다양한 형태, 그 영향 및 결과에 대해서는, Daniel Welzer-Lang, Lilian Mathieu, Michaël Faure, *Sexualité et violences en prison*, Lyon, Aléas Éditeur, 1996을 볼 것.

된다. 생존권 위기를 형벌에 의해 관리하려는 정책은 문제를 해결하지 못하고 오히려 문제를 증폭하고 만다. 이미 자체적으로 실패가 예정되어 있는 '사업'일 뿐이다.

유럽 형벌국가는 이제 실무 도입 단계에 접어들었다. 반면 유럽연합 전체 차원의 사회복지국가 건설은 겨우 스케치 단계이거나 절실한 소망 단계일 뿐이다. 유럽연합 자본 및 인력의 자유 통행은 유럽연합의 경찰, 사법, 형무 공조 체제와 맞물려 있기 때문이다. 이 공조 협력 체제는 화폐 및 경제 통합의 전개로 더욱 강화되었다.[95] 정치학자 디디에 비고가 묘사한 것처럼, 1970년대 마약과의 전쟁 클럽, 테러리즘과의 전쟁 클럽(베른, 트레비, 쿠안티코, 킬로와트 등의), 유럽 경찰들의 심포지엄 등 이른바 '투쟁' 그룹으로 엮인 인맥이 있었기에 셴겐 협정(사람의 자유 이동과 국경 철폐를 골자로 1985년 6월 14일 룩셈부르크의 작은 마을 셴겐Schengen에서 프랑스-독일-벨기에-네덜란드-룩셈부르크 5개국을 주축으로 발의되었다-옮긴이)이 발의되고, 조인되었다(1990년). 이 협약으로 다른 국가 경찰 업무와의 공조 협력 체제 아래 경찰이 국경을 넘어 추적할 수 있는 수사권도 인정되었다. 또한 스트라스부르에 거점을 둔 정부 은행인 셴겐 정보 시스템SIS을 만들어 입국 및 비자 거부 대상의 외국인을 비롯하여 중범죄에 연루된 사람들에 대한 모든 정보 파일을 서명국끼리 열람할 수 있는 소통 체제를 만들었다. 마스트리히트 조약은 테러리즘, 조직범죄, 마약과의 전쟁에서도 국경을 초월한 경찰 공조 체제를 제도화했다. 유럽연합 사법-내무 위원회가 설치한 K4 위원회는 이민, 난민 분야 및 민사, 형사 분야에서 가맹국 간의 정책적 조화를 꾀하는 임무를 맡고 있기도 하다.

막 태동해 아직은 불분명한(1999년 당시로 봤을 때. 현재 2009년 10월 기준으로 셴겐 협정 가입국은 유럽연합 27개국 중 22개국에 달하며, 관세철폐, 가맹국가 간 취업자유화까지 포함하게 되었다-옮긴이) 유럽 행정의 판에서 이 합의-협정-임무 들은 더욱 증식, 발전하여 '국내 치안'이라는 개념을 확대한 비유럽 외국인의 통행 관리 문제까지 다루게 되었다. 요컨대 이런 외국인들은 '셴겐 구역Espace Schengen'을 위협하는 존재로 정의되었다. 국경·범죄·이민 사안에 대한 정치와 행정의 결합은 외국인(비유럽인)의 악인화에도 한몫했다. 서구 유럽 사회에 수년 전부터 나타나기 시작한 제노포비아(외국인 혐오증) 흐름을 조장하며 이민자는 곧 불안 세력이라는 편견을 심화했다.

1995년부터 논의되기 시작한 유로폴Europol 협약에 의해 유럽 경찰 형사기구가 제도화 수순에 들어갔다. 독립된 법인격을 지닌, 역시나 스트라스부르에 본부를 두게 될 이 기관은 장래 유럽연합 경찰의 모태가 될 것이다. 이외에도 실은 이미 20년 전부터 유럽평의회 가맹국의 형무소 행정 책임자들은 형무소 관리협력이사회를 통해 (지금은 1년에 2회) 정기적으로 회합을 갖고 각각의 사례를 비교하는 한편 수감의 공동 기준을 정해 형무소에서의 실무에 보조를 맞추는 노력을 계속해왔다. 1980년대를 빠져나오면서 유럽 단일 시장이 탄생한 이래 유럽 차원의 치안 및 안전 문제 협약도 속도를 냈다. "분명 신중하고도 비밀스러운 작업이다. 그러나 화폐 통합, 방위 통합에 버금가는 에너지와

<표 5> 유럽 3개국 형무 디플레이션(1983~1997)

	1983	1990	1997	성장
독일(서독)	62,525	48,548	60,489	-4%
오스트리아	8,387	6,231	6,954	-8%
핀란드	4,709	3,106	2,798	-41%

*Pierre Tournier, *Statistiques pénals annuelles du conseil de l'Europe, Enquête 1997*, Strasbourg, Conseil de l'Europe, 1999.

인력을 동원할 수 있다. 그보다 더 빠르게 조직될 수 있고, 훨씬 더 언론 플레이를 할 수 있는 제3의 작업장"이 될 것이다. 미국 형벌국가의 성장이 사회적·인종적 피라미드의 양극을 완전 대립시키는 결과를 낳았다면, 유럽 단위 경찰 조직망의 발달은 "대다수 유럽 시민의 완전 자유 통행 시대를 열었지만 소수자 및 유럽연합 역외 입국자에게는 감시가 집중되는 시대"[96]를 열었다. 그 원칙에서나 그 방식에서나 차별주의의 전형이 아닐 수 없다.

그런데 최근 몇 나라들은 의도적인 정책을 통해 수감 인구를 낮추고 부쩍 그 규모를 안정시켰다. 벌금을 보편화하고 조건부 석방을 확대하고 판사들에게 형무소의 구체적인 현실을 잘 인식시킨 데 따른 결과다(<표 5> 참조). 1985년과 1995년 사이 오스트리아는 수감률을 29퍼센트, 핀란드는 25퍼센트, 독일은 6퍼센트 낮추었다(그것도 통일 이전에). 이 비율은 덴마크나 아일랜드에서는 훨씬 더 안정적이다. 그리고 이런 형무소 인구 감소 움직임은 범죄율에 어떤 부정적인 영향도 끼치지 않았다.[97]

사회에 따라 다른 이런 결과를 통해 볼 때, 사회복지 분야에서만 아니라 형벌 분야에서도—용어만 편의적으로 나누지 말고 무엇보다 사회 최하층 영역에서 이 두 공공 행위가 엄밀히 구분되어야겠지만—마르셀 모스가 '양식 영역Le domaine de la modalité'이라 부른 것에 우리가 항상 속해 있음을 알 수 있다. 불안정 고용은 물론 형무 인플레이션 또한 저 멀고도 먼 신성불가침한 자연적 운명 혹은 재앙이 아니다. 전반적인 민주주의 대토론을 거쳐 요구할 것은 요구하고 결정할 것은 결정해야 하는 정치적·문화적 사안이다. 모스의 말마따나 모든 사회 현상처럼 그것은 "집단 의지의 산물이며 인간 의지가 보여주는 가능한 서로 다른 선택 사항들 중 하나"[98]일 뿐이다. 이 하나의 선택은 그 모습 그대로 증명되고 평가되는 것이지, 절대 불가피한 것, 고칠 수 없는 것으로 무조건 수용해야 하는 것이 아니다.

어쨌거나 지난 세기 말부터의 미국 사례는 이제 사회 정책과 형벌 정책이 분리될 수 없고, 더 나아가 노동시장과 사회복지(아직도 그렇게 부를 수 있다면)가 분리될 수 없고, 치안과 감옥이 분리될 수 없다는 사실을 여실히 보여주었다. 두 가지를 함께 이해하지 않으면 안 되는 것이다. 그 병합과 변형을 반드시 주목해야 하는 것이다.[99] 이제 세계 도처에서 그것이 현실로 나타나고 있다. 신新자유주의 유토피아는, 자유를 부르짖는 신자유주의자들의 주장과는 달리, 가장 가진 것 없는 자만이 아니라 조만간 보호 영역 바깥으로 밀려날 자에게서도 자유를 박탈할 것이다. 그것은 과거의 억압적 부성주의와 야만적 자본주의로의 퇴행이다. 무소불위, 전권 만능의 형벌국가가 찾아왔다. 애덤 스미스의 '보이지 않는 손'이 이제는 철장갑을 끼고 나타났다.

　미국은 분명 고용 불안과 사회 불안정에 대처하려고 빈곤의 감옥을 선택했다. 유럽은 지금 역사적 대안에 직면하여 기로에 서 있다. 임금제의 변화 및 거기서 기인한 사회복지의 쇠퇴, 불안정 인구의 증가, 이들에 대한 경찰 및 사법 통제, 빈민 수감의 길과 새로운 시민권 탄생, 생존을 위한 최저임금 인상, 단순한 고용이 아니라 성취 보장,[100] 평생 교육 및 직업 연수 보장, 만인을 위한 주택 및 의료 보장의 길. 그 이름에 걸맞은 유럽식 사회복지국가 건설을 위해서는 국가의 사회적 역량을 공격적으로 재구축하는 수밖에 없다. 그 선택은 국가가 시민에게 제공하고자 하는 문명과 문화의 유형이 무엇이냐에 달려 있을 것이다.

"신자유주의는 이데올로기이지 현실이 아니다"

『가난을 엄벌하다』는 1999년 11월 말 프랑스에서 처음 출간되었다. 이미 19개 국어로 전 세계에 소개되었음에도 우리는 10년이 지난 이제야 만나볼 수 있게 되었다. 신자유주의가 현실이 아니라 조작된 이데올로기에 불과하다는 것을 설파하며, 『가난을 엄벌하다』는 이미 빈자는 계속 빈자로 살아갈 수밖에 없다는 음울한 메시지를 전했다. 빈자를 위한 패자부활전은 없으며, 빈자를 위한 개방회로 역시 전무하며 철저히 닫힌 폐쇄회로 이쪽저쪽을 왔다갔다할 뿐이라고, 변화를, 상승을 꿈꾸며 열심히 산다는 것도 부질없는 짓이라고.

10년이 지난 이 시점에 『가난을 엄벌하다』가 조심스럽게 제기한 근심 어린 가설은 정확하고도 끔찍한 현실이 되었다. 공교육이 그래도 여전히 건재하고, 차별 없이 외국인에게까지 균등하게 제공되는 의료 보험, 집세 보조, 실업자수당 등으로 사회 낙오자가 될 불안은 접고 살

았던 프랑스 역시 연일 발표되는 새로운 정책에 불안해하고 위축되어 있다. 그리고 때로는 분노! 2009년 12월 말, 송년의 파리 시내 거리는 암흑의 중세 시대가 된 듯 그 어느 때보다 어둡고 어두웠다. 파티는 없었다. 노트르담 성당 앞의 크리스마스트리는 창백한 푸른빛을 떨어뜨리고 있었다. 부자와 강자 위주로 질서가 재편되는 상업주의 세계화라는 괴물 앞에 어떤 나라가, 어떤 개인이 단도라도 꺼내 그 괴물을 찢겠다고 저항할까? 목숨이라도, 개인의 안위라도 부지하기 위해 우리는 갈수록 이기적으로 변해가고 있다.

『거꾸로, 희망이다』『굿바이 사교육』 등을 기획, 출판한 시사인북의 세상에 대한 순수하고도 진지한, 때로는 분노에 찬 근심사가 『가난을 엄벌하다』를 소개할 필요가 있다는 결의로 이어졌다. 사회학 전공자가 아닌 문학을 공부하는 자가 어떤 개인적인 인연으로 이 책을 옮겨달라는 부탁을 받았다. 지극히 이성적인 사회학적 언어에, 그 수사법과 용어의 난해함에 번역하면서 힘든 점이 많았다. 그러나 저자 로익 바캉의 분명한 문제의식에 적극 공감, 동조하며 한 문장, 문장마다 소름이 돋았다. 그것은 정확한 현실 인식, 이면 논리 분석에 대한 찬탄이기도 했지만, 절망과 분노에 가까운 소름이기도 했다.

로익 바캉을 만나보고 싶다는 생각이 들었다. 현재 미국 버클리 대학에서 가르치고 있지만, 파리에 한번은 오지 않겠냐는 생각이 들었다. 이메일을 했다. 바로 답장이 왔다. 11월 말, 몇몇 학술 모임 때문에 파리에 오니 그때 만나자는 것이었다. 11월 23일 파리 오데옹 근처 한 카페에서 만나 맥주를 마시며 이야기를 나누었다. 마침 11월 23일은 정확히 『가난을 엄벌하다』가 나온 지 10년이 되는 해라고 했다. 10년을 맞아 프랑스어 개정판도 준비 중이라고 했다. 서로 안면이 없는 우리였지만, 로익 바캉은 만나자마자 우선 고맙고, 수고했다고 했다. 번역이 생산적인 일이면서 또 얼마나 비생산적인 일인지 잘 안다고 했다.

다음은 로익 바캉과 만나 두서없이 나눈 이야기를 풀어 옮긴 것이다. 책의 본문이나 서문과 겹치는 내용이 많을 줄 안다. 그러나 그의 격앙된 목소리를 그대로 옮겨 적으며 독자들 역시 다시 한 번 이 책의 메시지를 새기는 순간이 되기를 바랄 뿐이다.

옮긴이 —— 이 책의 원제인 '빈곤의 감옥'은 참 슬프고 무서운 제목입니다. 처음 제목을 접했을 때는 빈곤이라는 답답한 현실이 곧 감옥이라는, 그러니까 여기서 감옥은 상징적인, 비유적인 표현이라고 생각했습니다. 그러나 이 책에서 말하는 것은 실제적인 감옥, 물리적인 감옥이더군요. 끔찍한 얘기입니다. 서민에게 내줄 곳간은 텅텅 비고, 대신 서민을 가두는 감옥만 늘어나고 있다는 얘긴데, 빈곤이라는 문제와 감옥이라는 문제의 두 축을 연계시키게 된 계기랄까, 이런 제목이 나오게 된 연유부터 듣고 싶습니다.

로익 바캉 —— 한마디로 제가 이 책을 왜 썼느냐 이거지요? 시카고 대학 박사 과정 때 미국 흑인 게토 지역이 제 연구 주제였습니다. 이 지역에서 도대체 무슨 일들이 벌어지고 있는지, 왜 그러는지 제대로 알아야 할 필요가 있었습니다. 인종 분리와 계급계층 변화의 상관관계를 분석하는 것이 원래 제 연구 주제였는데, 당시 미국에 지배적인 문학, 편견, 그러니까 무질서하고, 결핍투성으로 비치는, 미국 사회에서 표상되는 흑인의 이미지, 흑인 게토의 이미지를 버리고 실제 현장을 보고 싶었습니다. 조사 중에 여러 일을 겪다가 결국 한 복싱장을 알게 되었습니다. 그곳에 접근해야겠다는 생각을 하게 되었지요. 물론 개인적으로 복싱에 관심이 있었던 것은 아니고요(웃음). 복싱장에 등록해 한 3년 복싱을 배우면서 복싱장 사람들과 친구가 되었습니다. 그래서 그들의 일상생활, 취업 문제, 집세 문제, 사회보조 문제, 집세 보조 문제, 집 주인과의 문제, 경찰과의 문제 등 많은 것을 듣고 보게 되었지요. 이때의 경험을 책으로 쓴 것이 『육체와 영혼—어느 복서 견습생의 민족지적 노트Corps et âme. Carnets ethnographiques d'un apprenti boxeur』입니다. 한데 그들 인생이 결국 감옥에서부터 시작되었다는 것을 알게 되었습니다. 그들의 인생 궤도를 이해하기 위해서는, 우선 미국 형무 제도를 공부해야겠다는 생각이 들었지요. 그러면서 당시 미국에 존재하던 미국 문학으로 다시 돌아가게 되었는데…….

옮긴이 —— 잠깐만요. 지금 '문학'이라는 표현을 쓰셨는데, 문학이란 허구, 가공이라는 뜻에서 쓴 표현이지요? 현실 자체가 아니라는 뜻에서요?

로익 바캉 —— 예. 현실 자체가 아니라 표상되고 재현되고 가공된 이미지라는 거죠. 그런데 놀란 것은 거의 반세기 동안, 그러니까 1935년부터 1975년까지 거의 변화가 없던 미국 형무 제도가 경제 성장이 가속화되던 1970년대 중반부터는 그렇지 않다는 겁니다. 특히 노동시장

주변부에 있던 흑인 청년들, 하층 계급, 프롤레타리아, 무산계급층 등이 많은 타격을 받게 됩니다. 미국의 도시빈민 소외 구조와 인종 지배 변화 구조를 이해하려다 보니 결국 뒤로 물러나, 감옥까지 가게 되더군요. 물론 분석적으로요. 그러나 저 역시도 실제로 감옥에 가보게 될 일이 생겼습니다. 복싱장에서 만난 친구 중에, 지금은 제 형제처럼 된 친구가 있는데, 아샹테라고. 처음 만났을 때, 제 또래로 서른 살이었습니다. 이 친구는 인생의 반을 이미 감옥에서 지냈어요. 감옥에서 복싱을 배웠고요. 감옥에서 나오자마자 복싱선수가 되기로 결심했는데, 그러면 우선은 갱단에 들어가는 것을 피할 수 있고, 또 비참지경에 몰리게 만드는 최악의 저임금 노동시장에 들어가는 것도 피할 수 있다고 생각한 거죠. 몇 년 동안 복싱선수 경력을 쌓았지요. 내가 그 친구 스파링 상대도 해주었는데, 결국은 복서를 그만두고 거리 경제로, 그러니까 범죄 시장으로 나오게 되었습니다. 다시 경찰에 잡히고, 감옥에 가게 되고, 저는 변호사를 구하고 재판을 돕고 하면서 여러 번 그가 수감되어 있는 감옥을 찾아갔었고, 그와 계속 편지를 주고받으면서 형무 제도가 왜 이렇게까지 성장할 수밖에 없는지를 실질적으로 이해하게 되었지요.

옮긴이 —— 그 이후 프랑스 지역도 조사를 한 거지요?

로익 바캉 —— 예. 거의 동시입니다. 미국 흑인 게토 지역을 연구하면서 프랑스 빈민 지역도 조사했는데, 당시 유럽의 빈민가가 미국식 흑인 게토가 되지는 않을까 하는 도덕적 공포감이 상당했고, 미디어, 정치판, 몇몇 학자들 사이에서도 이런 테마가 차고 넘쳤습니다. 『도시 파리아(최하층민), 게토, 방리유, 국가Parias urbains. Ghetto, banlieues, État』(La Découverte, Paris, 2006)라는 책에서도 지적했지만, 제가 보기에 미국의 흑인 게토와 유럽의 가난한 동네를 바로 동일시하는 것은 분명한 오류였습니다. 저의 시민적·학문적 양심과 의무감도 있었지만 이 문제를 논쟁 삼고 싶어 우선 비교 현장 연구로 파리 북부 샤를 드골 공항 근처에 있는 쿠르뇌브 지역을 조사하면서 미국 흑인 게토 지대와 프랑스 노동자 지역, 방리유가 완전히 동일하지는 않다는 것을 하나하나 분석했습니다. 유럽 빈민 지역 역시 노동시장에서 차별받고 있는 것은 사실이지만, 국가의 공공 보조 정책이 계속 손을 뻗치고 있다는 점에서 국가권력이 게토 지대에서 완전 손을 뗀 미국과는 다릅니다. 또 간단한 통계 수치로, 미국 게토 지대에서 일 년에 10만 명당 100명의 살인자가 나온다면 유럽 빈민가는 그 10분의 1, 그러니까 10명도 안 됩니다. 유럽 빈민가는 적어도 가족 부양은 가능합니다. 극소외 계층은 아니죠.

재미있는 것은 1990년대 말 프랑스 좌파 정부는 물론, 독일, 스페인, 이탈리아 할 것 없이 뉴욕 치안 모델을 수입하기 시작하면서 흑인 게토 개념도 같이 옮겨와 유럽에 심으려 했다는 겁니다. 프랑스에서는 상당한 논쟁과 토론이 있었지만, 치안, 사법, 형무 제도에 대한 모든 정치적·미디어적 담론들이 하나같이 길거리 범죄에 표적을 두었습니다. 항상 하층계급이 표적이지 사업가들, 부유층은 아니었다는 겁니다. 폭력의 온상지가 곧 빈민가라는 담론이 딱 굳어진 거지요. 그러니 국가는 치안력을 그곳에 배치해 진압, 통제해야 한다는 의무가 주장되었습니다. 뉴욕 치안 모델이 범죄율을 감소시켰다는 것을 줄곧 강조하면서 말이죠. 하지만 뉴욕의 범죄율이 감소한 것은 치안 전략의 변화 때문이 아닙니다.

범죄율이 감소한 이유는 딴 데 있습니다. 당시 경기가 좋았고, 거리 범죄에 연루되기 쉬운 젊은 층의 인구가 감소한 데 있습니다. 또 마약 매매업의 추세가 변했어요. 독점화되면서 덜 경쟁적이 되었지요. 그러니 마약 범죄율도 낮아졌고, 폭력 사건도 줄어들었죠. 또 이민의 추세가 여성화된 것도 있습니다.

옮긴이 —— 이민의 여성화? 정확히 무슨 뜻인지요?

로익 바캉 —— 그러니까 처음 남자 가장이 와서 정착한 다음, 가족을, 즉 여자와 아이를 데려오는 이민 말입니다. 이러한 이민은 수요를 자극해 경제 성장에 기여합니다. 이민이 많아지면 자동적으로 범죄가 많아진다는 말은 편견이죠. 이민이 많아지면 경제 활성화에 도움이 되는 측면이 있습니다. 그리고 '감옥 현상'이라는 개념이 있는데, 한 세대의 사망률을 높일 정도로 강화된 형량도 범죄율을 낮추는 데 한 역할을 했어요. 빈곤층의 30~40퍼센트가 감옥에 가 있고, 형량이 장기화되어 보통 15년, 20년, 30년까지 선고 받습니다. 감옥에서 평생 살다가 죽어 나가는 꼴이지요. 바로 이러한 이유들로 뉴욕의 범죄율이 감소된 것이지 톨레랑스 제로 정책과는 아무런 상관이 없습니다. 아주 계략이 뛰어난 뉴욕 시장과 공공 정책 연구자들, 소위 싱크탱크들이 전 세계적으로 마케팅을 벌이며 형벌에 관한 새로운 일반 상식을 수출한 것은 사회보장 축소의 틀 안에서, 공공예산의 축소의 틀 안에서, 부자 감세의 틀 안에서 이루어진 것입니다.

옮긴이 ──『가난을 엄벌하다』가 처음 나왔을 때 우선 수감자들, 치안, 사법, 형무 관계자들 사이에서 많이 읽혔다는 이야기를 들었습니다. 나머지 언론의 반응은 어떠했습니까?

로익 바캉 ──《르몽드》《르몽드 디플로마티크》《France 3》등 주요 언론에서 많이 다뤄졌어요. 또 다니엘 메르메가 진행하는 유명한 프랑스 엥테르 채널의 라디오 프로그램이 있는데, 거기에도 나갔고요. 혹시 보셨는지 모르겠지만 이날 라디오 스튜디오에서 제가 『가난을 엄벌하다』에 대해 이야기하는 장면이 피에르 카를르가 만든 피에르 부르디외 영화 〈사회학은 투쟁의 스포츠다La sociologie est un sport de combat〉(이 다큐멘터리 영화는 조르주 퐁피두 센터 근처에 있는 MK2 영화관에서 수년 동안 정기 상영했을 정도로 인지도 높은 영화다-옮긴이)에도 삽입되어 있습니다. 부르디외에 대한 다큐멘터리 영화를 찍을 때가 마침 이 책이 막 나온 시점이라 부르디외 선생한테 제가 이 책에 대해 상의하고 조언 받고 하는 장면이 이 영화에 서너 장면 나옵니다(관심 있는 독자라면 youtube 사이트에서 이 영화의 일부를 볼 수 있다-옮긴이). 미국판 서문에서도 이미 이야기했지만(이 책의 서문 참조), 책이 처음 나온 날 파리에 있는 상테 감옥에 가서 가장 먼저 이 책을 소개했습니다. 그곳 재소자와 교정자, 집행자 들이 모두 모여 열띤 토론을 벌였고, 카날 웹이라는 케이블 텔레비전에 그대로 방송되었지요. 또 저녁에는 한 카페에 모여 거의 자정까지 토론을 했는데요. 교도소 간수, 행정가들, 또 에납 Enap이라는 교정원양성국립학교가 있는데 그곳 학생들도 참여했지요. 책이 나온 첫 해 총 40여 건의 컨퍼런스가 있었던 것 같습니다. 한가지 예를 더 들자면, 제 고향 몽플리에서 교정원, 경찰, 변호사, 교육, 의료, 사회복지, 소년원 등에서 일하는 현장활동가들이 대거 참석한 토론회가 있었는데, 이날 토론 내용을 엮어 『벌주는 기계La Machine à punir』라는 책을 발행했어요. 형무 관련업자들이 참조하는 유용한 책이 되었고, 또 빈민 형벌화 문제를 공공 토론의 장에 끌어내는 데 중요한 책이 된 셈이죠. 1년에 1,500부 정도 나갔고, 지금까지 한 5만 부 나갔어요. 『가난을 엄벌하다』는 대학에서도 많이 인용되고 토론되는 책이고, 또 대학 바깥에서도 토론의 소재가 되는 나름 중요한 책이 되었어요. 유튜브나 데일리모션 같은 사이트에 가셔도 몇 가지 예시를 볼 수 있을 겁니다.

옮긴이 —— 19개 국에 이 책이 벌써 번역, 소개되었는데, 이런 반응을 생가하면 『가난을 엄벌하다』가 제시한 가설이 단순히 가설이 아니라 현실임을 입증한 거지요?

로익 바캉 —— 유엔의 초청을 받아 한 토론회에 참석했을 때, 각국 대표 단들이 바로 자기 나라 문제이니 와서 같이 토론하면서 이 문제를 쟁점화하자는 제안을 많이 했습니다. 덕분에 아르헨티나, 브라질, 포르투갈 등의 치안, 형무, 사법 관련 고위 관계자들과 토론할 수 있는 중요한 기회가 생겼지요. 이 책의 가설과 그 분석이 잘되었는지 안 되었는지는 잘 모르겠지만, 적어도 안전 광증, 강박증으로 인한 치안 강화책이 전 세계적인 현상이었다는 것만은 확인된 셈입니다.

옮긴이 —— 한국의 경우도 마찬가지입니다. 1990년대로 기억하는데, 매일 언론을 통해 '범죄와의 전쟁'이라는 말을 들었던 것 같습니다. 아시겠지만, 한국은 미국의 영향력이 남달라 유럽처럼 기후 적응지로 영국을 통할 필요 없이 바로 직판, 수입되었다고나 할까요.

로익 바캉 —— 윌리엄 브래튼이 한국에 다녀갔는지 모르겠네요. 미국에서 고안된 형벌국가라는 것이 왜 만들어졌는가를 더 심층 분석하는 제 책이 『빈자를 벌주다: 사회적 불안전의 신자유주의 정부Punishing the Poor: The Neoliberal Government of Social Insecurity』(Duke University Press, 2009)입니다. 형벌국가의 확대와 찬미화가 신자유주의 국가의 주요 구성 성분이라는 점을 더욱 발전시켜 분석했습니다. 신자유주의는 결국 정부 역할의 축소인데요, 신자유주의란 이데올로기이지 현실이 아닙니다. 이데올로기를 가지고 현실이라고 믿게 만드는 술수이지요. 사회 계급 구조에서 경제 규제 완화, 사회보장 축소로 가장 먼저 동요하는 것은 아래 바닥부입니다. 불안정 고용, 저임금 노동시장이 보편화되면 사회 갈등은 물론 가족 갈등, 이웃 갈등도 더 확대되고, 범죄 계층 공간도 더 열립니다. 이런 혼란과 무질서를 억제하기 위한 전통적인 방식은 국가가 개입해 사회 보조를 늘리는 것이었는데, 이제 신자유주의 정부가 되면서부터는 경제, 사회 보조 부분에서는 비간섭주의를 고수하므로 무질서는 더해지고, 그 무질서를 잡겠다며 치안력과 형벌주의는 더 강화됩니다. 이 두 가지가 가중되면서 상황은 더욱 악화되는 것입니다. 사실 정치인의 임무가 무엇입니까? 정치인의 합법성이란, 국민의 사회적·경제적 보호라는 국가의 역할 수행 임무에서 나옵니다. 한데 정치인이 그 전통적 임무를 하지 않는다면, 다시 말해 다 신자유주의로 개종해버린다면, 신자유주의 정부란 국민의 사회적·경제적 보호에 대한 무관심, 무능력을 내건 정부인데, 그렇다면 "나, 하는 것 전혀 없음"을 내건 정치인들을 우리가 뽑고 있는 것입니다. 정치인들은 무엇인가를 우리에게 제공하는 자인데, 이제 사회 안전/사회복지sécurité sociale 대신 범죄 안전sécurité criminelle 정도나 제공하고 있는 거죠.

옮긴이 —— 보통 일상생활에서 소위 좋은 시민, 모범 시민이라고 자신을 생각할 수 있는 중산층은 사회복지 원조 대상도 아니고 형벌 대상도 아니어서 이 사회복지 문제와 형벌 정책 문제의 상관관계를 쉽게 인정할 것 같지 않습니다.

로익 바캉 —— 『빈자를 벌주다』에서 많이 전개한 내용인데, 신자유주의 국가는 내버려두자는 자유방임주의인데, 아니 신자유주의라는 말보다 제 표현대로라면 '부권적 자유주의liberal-paternaliste'는 전체적으로 다 내버려두자는 것이 아닙니다. 위, 상류, 상위급, 즉 기업가, 자본가, 문화 권력가, 부유층은 마음대로 하게 하고, 아래, 하류, 사회 바닥부, 빈자층, 무산자층은 굉장히 간섭이 심합니다. 그런 면에서 신자유주의 방임국가는 전혀 방임이 아닙니다. 기업들은 왜 봐줄까요? 지금은 국가 경제이면서 세계 경제입니다. 세계 경쟁을 위해서라도 지원을 해줘야 합니다. 이러한 특혜와 혜택들이 불평등의 원인을 제공하기도 하는데 말입니다. 불평등으로 인한 결과물에 대한 정책들은 모든 시민에게 적용되는 것이 아니고 특수층만을 겨냥합니다. 일정 계층 겨냥, 일정 장소 겨냥. 계층은 빈민, 장소는 빈민 구역. 말씀하신 것처럼 일반 '모범' 서민층, 중산층은 원조 대상도 형벌 대상도 아닐 수 있습니다. 일반 서민층 혹은 중산층은 다만 감정에 동요됩니다. 가령 일상생활에서 느끼는 것으로 수입은 그다지 느는 것 같지 않고, 범죄는 10년 전에 비해 증가하면 증가했지 줄어든 것 같지 않고, 실업의 가능성은 항상 도사리고 있고, 사회적 지위를, 위상을 잃어버릴지 모른다는 불안감에 항상 사로잡혀 있고, 그것이 자식들에게 이전될까 두렵고, 자식들의 미래가 걱정되고 그럽니다. 시장은 커지고, 모든 것이 경쟁이 되고, 국가는 별 하는 일 없고, 개인은 항상 불안하고 무력한 자들이 됩니다.

최근 에마위스 재단에서 흥미로운 설문조사를 했는데요, 프랑스인의 45퍼센트가 사회적 추락으로, 집 없는 자가 될 수도 있다는 두려움을 느끼고 산다고 합니다. 실제로 기숙할 집조차 없는 자는 프랑스 전체 인구의 0.01퍼센트에 불과한데 말입니다. 천 명 중 한 명한테만 일어나는 일인데, 2명 중 한 명이 그런 생각을 하고 사는 겁니다. 늘 사회적 불안이 있고, 범죄가 특히 사회를 위협하고 있고. 미국에서는 게토 지역이 그 온상지라 하고, 프랑스에서는 이민자 청년 실업자, 부랑아, 성폭력 범죄자 들이 불안 조장 주범 세력으로 몰립니다.

특히 성폭력 범죄, 그 가운데에서도 아동 성폭력 범죄가 사회적 공포감을 더욱 가속시킵니다. 언론이 보도하는 성폭력 범죄도 더욱 많아지고 있는데, 사법, 재판, 형무 분야에서도 별도의 카테고리가 있을 정도입니다. 사실 성폭력 범죄는 20년 전부터 계속 감소하는 추세인데도 말입니다. 이런 현상은 사실 불안의 이전 현상이라고 볼 수 있습니다. 고용의 불안정, 경제 문제 등이 주요 원인이 되어 가족 내 불안감이 커지고, 가족이 해체되기도 하고, 가족 구성에 변화가 생기기도 합니다. 성에 대한 인식도 변했고, 또 성 결합의 변화, 가령 동성애자들의 결합, 결혼 등과 같은 성의식과 관련한 모든 변화들이 전통적인 부권국가에 상당한 중압감과 충격을 줍니다. 고용 불안, 성 불안, 가족 불안 등 이런 모든 종류의 불안이 서로 얽히고설켜 온갖 문제들이 복잡화·다중화되면서 일상생활의 심리적 불안을 더욱 조장합니다. 결국 이런 모든 다층적 불안들이 아동 성폭력 범죄에 대한 공포로 모두 결집되어 드러나는 것 같습니다. 최대의 약자에 가해진 가장 비인간적인, 비열한 범죄. 아동 성폭력 범죄가 전 세계적으로 대단한데, 사실 이 범죄의 80퍼센트는 부모 자식 간, 친지 간, 이웃 간 등 '우리들' 내에서 일어납니다. 그것이 현실입니다. 그런데 표상, 재현되는 것은 외부에서 온 자, 사회와 결연된 자, 격리된 자, 전혀 다른 세계에서 온 낯선, 알 수 없는 외부의 적, 일종의 사회적 유령에 의해 저질러지는 것처럼 표현됩니다. 바로 언론이 이런 표상을 전달하는 역할을 합니다. 언론 뉴스란 항상 자극적인 것을 찾습니다. 약

15년 전부터 미디어는 상업주의에 복종할 수밖에 없는 시스템이 되면서, 소위 시청률에 의해 좌지우지됩니다. 시청률을 높이기 위해서는 더 많은, 더 폭넓은 대중을 확보하면 됩니다. 그러니 특히 범죄 뉴스는 모든 사람을 자극하기 좋은 소재입니다. 누구나 갖는 보편적 감정, 누구나 느끼는 두려움, 거부감, 혐오감, 구역질을 자극하는 좋은 요소이지요. 게다가 이처럼 뉴스를 가공하는 데는 비용도 들지 않습니다. 범죄란 도처에서 매일같이 일어나는 일이니까. 범죄율이 낮은 나라는 있어도 범죄가 없는 나라는 없습니다. 언론은 더 자극적이고 혐오스러운 범죄에 언제든 조명을 쏠 준비가 되어 있고, 재현, 연극화하기 위해 일부러 그런 소재를 찾아다니기도 합니다. 도덕적인 감정을 고양하면서요. 이런 연극화를 통해 대조를 시킵니다. '우리' 좋은 모범 시민과 '그들' 이상한 자들, 범죄자들, 성폭력 범죄자들. '우리'와 '그들'의 경계를 더욱 확실하게 나눕니다. 그들과 우리의 분리 작업을 더욱 강화합니다. 우리 좋은 시민은 열심히 일하고, 정직하고, 규율을 잘 지키고, 그들 이민자, 범죄자, 불법자, 도시 외곽 실업자, 청년 들은 그렇지 못한 자라는 도덕적 모럴을 통해 일종의 가공적인 집단 감정을 제조합니다. 가족, 노동, 도덕, 건전한 성이라는 집단의 주류 가치를 지키는 나, 우리와 그것을 지키지 않는 그들로 나누는 거죠.

형무 제도를 보는 방식도 이것과 비슷합니다. 감옥은 다루기 까다롭고 힘든 주민을 통제해 주변으로 빼내는 도구로 쓰입니다. 원치 않는 잉여 인간을 창고에 쟁여 넣기. 후기산업사회 프롤레타리아를 조련하는 수단, 지배자가 피지배자를 관리·통제하는 도구적 수단, 물리적 수단으로 감옥을 보는 것이 마르크스적 입장입니다. 반면 피에르 부르디외까지 이어져 오는 에밀 뒤르켕 학파들은 감옥을 통제 도구라기보다 커뮤니케이션의 도구, 즉 소통의 도구, 표상화의 도구, 연극화의 도구로 봅니다. 아까 말한 것처럼 좋은 시민인 '우리'와 나쁜 시민인 '그들' 사이에 상징적인 경계선을 만들어내는 연극적 장치로 봅니다. 『빈자를 벌주다』라는 책에서 저는 이 두 입장을 같이 소개하면서, 때로는 대조, 양립시키면서 논지를 전개했습니다. 마르크스적 관점과는 달리 뒤르켕파들은 감옥이 단순한 물리적 수단에서 더 나아가 상징적 표상체가 되는 것을 걱정합니다. 물론 이런 양립은 학문상의 연구 노선의 차이일 뿐, 실제 현실에서 감옥은 이 두 가지 역할을 다 하고 있거나 더 복합적으로 응축되어 있습니다.

옮긴이 —— 한국, 일본을 비롯한 아시아 사람들은 서구 사회에 열심히 일하는 근면성실한 사람들, 더 심하게는 일 중독자들로까지 비칩니다. 한국인이 다 그렇다고 일반화할 순 없지만 한국인은 빈곤을 우선은 나의 개인적인 문제로 봅니다. 개인적인 게으름이나 무능함을 먼저 반성하면서 이어 사회를 탓하고, 국가의 잘못을 비판합니다. 왜 그럴까, 하고 생각해보니 우리 안에 어떤 도덕주의가 똬리를 틀고 있는 것 같습니다. 권리보다 의무를 강조하는 교육을 어린 시절부터 받았던 것 같기도 하고요.

로익 바캉 —— 한국 사회를 제가 잘 알지는 못하지만, 사회 구조 자체가 위계질서 체계로 움직이지 않습니까? 그것이 수치의 문화로까지 확대되었을 수도 있고요. 정치관, 정치 제도 자체도 모럴리즘의 영향 아래 있을 겁니다.

옮긴이 —— 예. 그래서인지 한국에서는 워크페어라는 개념이 커다란 저항감 없이 받아들여진 것 같습니다.

로익 바캉 —— 사회복지 축소의 틀과 함께 이뤄진 것이 워크페어입니다. 15년 전만 해도 웰페어를 요구할 수 있는 권한이 있었는데, 즉 경쟁 시장으로부터 보호받기 위하여 보조금을 요구할 수 있는 권한이 있었는데, 지금은 거꾸로 경쟁 시장에 진입해야 하는 의무 조항이 따릅니다. 그러한 조건을 이행할 때만 보조금을 요구할 수 있지요. 여기다가 도덕주의, 도덕행동주의moral behaviorism의 영향까지 받습니다. 국가의 기능이 개인을 교육시키고 훈련시키는 것이 되었습니다. 만일 그것을 받아들이지 않으면 제재를 가하는 식으로. 이러한 도덕행동주의가 형무 제도에도 동시에 영향을 가합니다. 도덕행동주의가 자명한 이치, 일반 상식, 인간의 도리가 되는 거죠. 일하지 않으면 사회복지 없다! 안 그러면 형무적 제재도 가한다! 이런 이중 규제가 빈민들에게 가해지고 있는 것입니다. 그래서 이것이 저임금 노동시장 형성의 발판이 됩니다. 이런 값싼 노동이라도 감사히 여기고 해라! 하는 식이죠.

옮긴이 —— 지금은 전 세계적으로 인구 이동도 많고 이민자도 많고 다민족 국가도 많습니다. 표면적으로야 개방적이고 역동적이기도 하지만, 사실 이민 문제에는 경제적인 이유가 항상 있습니다. 못사는 제 나라를 떠나 잘산다는 타국으로 가서 돈 벌이를 해야만 하는 빈곤 국가의 빈민, 그 빈민이 타국 도시의 극빈층이 되는 일이 허다합니다. 좀 거창하게 민족과 제도의 상관관계를 어떻게 설명할 수 있을까요?

로익 바캉 —— 아주 중요한 문제이면서 상당히 복잡한 문제입니다. 이 문제를 전체적으로 다룬 다음 책을 준비 중인데, 빈곤 문제 시리즈의 3부작이 되는 셈입니다. 유럽의 빈민 구역, 미국의 빈민가에 치안력이 어떻게 집중되고 있는지, 새로운 도시 주변화, 소외화 형태를 연구한 『도시 파리아, 게토, 방리유, 국가』가 1부작이라면, 2부작은 『빈자를 벌주다』입니다. 여기서는 국가가 새로운 도시빈민 계층에게 어떻게 반응하고 응수하는지, 빈민을 벌주면서 동시에 어떻게 새로운 임금제를 만들어내는지를 다루었지요. 3부작이 될 다음 책『운명적 공생 Symbiose fatale』에서는 민족, 인종 구분/분리가 마치 자연적인 것, 천성적인 것처럼 인식시키면서 빈민 형벌화를 어떻게 가속시키는가를 다룰 것입니다 어떻게 형벌국가의 강철 주먹이 포스트식민주의 사회의 프롤레타리아에, 무산계급층sous-prolétariat에, 특히 이민자 노동자층에 집중되는지를 분석합니다. 인종 및 민족 분리, 차별이 그 자체로 어떻게 다시 재정의되는지 분석합니다.

『가난을 엄벌하다』에서 이미 말했지만 형벌국가 작전을 진두지휘하기 좋은 곳은 계급 구조에서는 하층부 쪽, 즉 물질적으로 소외된

층이면서 또 (사회적) 명예 혹은 위상이 결여된 층, 침체된 층입니다. 일반 중산층은 그 사회의 소수 민족 혹은 소외/외국인 층과 정체성을 많이 공유하지 않기 때문에 그들을 사회에서 알게 모르게 가치 절하 시킵니다. 만일 형벌국가의 강철 주먹이, 치안 통제 작전이 중산층에 가해진다면 이를 받아들이지 않을 겁니다. 그러나 빈민가, 특히 외국인 이민자 층에 가해진다면 중산층은 그렇게까지는 발끈하지 않을 겁니다. 자신의 이利를 위해 이런 정책을 인정하거나 지지하기까지 하지요. 이런 침체 계층은 중심 세력이 아니라고 보고 때로는 공동 규칙을 어길 자들이라고까지 봅니다. 이런 자들을 훈련, 교육시키는 시스템의 가장 상위에 있는 것이 바로 국가이지요. 프랑스, 독일 등에서는 북아프리카 출신 이민자들, 스페인에서는 집시들, 일본만 해도 홋카이도의 아이누인, 오키나와인 등 소수 민족에게 가해지는 차별 등을 생각해보십시오. 이를 좀더 이해해보려면 감옥의 기원을 거슬러 올라가보면 됩니다. 감옥은 16세기에 처음 만들어진 것으로, 당시에는 범죄를 막기 위해서 세워진 것이 아니라, 외곽인, 주변인, 극빈자, 집 없는 부랑아, 거지 들, 이른바 '우리 동네' 바깥 사람들을 막기 위한 것이었습니다. 근접성, 친밀성, 유대성에서 배제되는, 이른바 '우리 동네'를 위협하는 더럽고 위험한 자들을 억제, 수용하는 기능이었죠.

옮긴이 —— 잠시 한국 이야기를 하자면, 한국도 '바야흐로' 2010년 최초의 민영 교도소가 문을 연다고 합니다.

로익 바캉 —— 아하, 정말입니까? 어떤 회사 계열입니까? 미국계 교정 회사입니까? 영국계입니까?

옮긴이 —— 아, 그건 너무 끔찍하고요. 아닙니다. 한국계입니다(웃음). 한데 이것 역시나 끔찍합니다. 기독교 종교 단체입니다. 아가페 민영 교도소인데요, 종교 단체이니 비영리를 내세우긴 합니다만, 설립 비용 약 300억 원은 한국 교회가 부담하고, 연간 약 46억 원을 국가가 부담하게 된다고 합니다. 이전 국립교도소의 교화 실패와 형무소 과밀 수용을 해결하기 위해 이런 교육지책을 내었다고 하는데요, 미국의 경우 이윤 추구를 목표로 한 교정 회사가 소위 정말 '잘 나가는 회사'로 각광받고 있는 데 반해 한국의 경우는 종교 단체가 비영리를 내걸고 하니 걱정이 덜 되긴 하지만, 그래도 좀 이상한 기분이 듭니다. 아가페, 사랑이라는 이름으로, 인류애라는 이름으로 감옥을 짓는 거 아닙니까? 국가의 형벌권이 종교 단체에 위임되는 것도 그렇고. 재소자를 '바른 길'로 인도해 누범을 줄인다는 종교 단체의 착한 의도를 아무리 존중한다 해도, 『가난을 엄벌하다』에서 비판하신 바도 있지만 범죄가 순전히 개인의 인성에서 비롯된다는 보수적이고 맹목적인 도덕주의가 전제되어 있지 않습니까? 좋은 교화 프로그램을 만든다고 하지만 한국 교회의 복음주의 열병을 생각하면, 특정 종교를 강요하는 셈이 되고요. 이 민영 교도소가 모델로 삼은 것은 브라질의 휴마이타 교도소라고 합니다. 재범률 4퍼센트를 기록했다고 하는데⋯⋯.

로익 바캉 —— 아, 그 숫자, 그 숫자는 가짜일 겁니다. 만들어낸 숫자일 겁니다. 제 반응은 한마디로, 그건 정말 낡은 꿈이라고 말해주고 싶네요. 감옥이 범죄율을 감소시킬 수 있다고 믿는 아주 순진하고도 낡은 이상입니다. 사실 전 세계에서 소위 인간적이고, 시설 좋기로 유명한 북유럽 스칸디나비아 반도의 감옥들만 보아도, 결코 감옥이 범죄율을 낮추는 기능을 한다고 믿을 만한 근거는 없습니다. 재소자들을 감옥에 다시 들어오지 않게 하는 것은 이들이 사회에 나가 다시 일을 찾고, 결혼을 하고, 아이를 낳고, 가정을 꾸리게 하는 것이지 감옥을 짓는 게 아니잖습니까? 범죄율을 줄이기 위해 감옥을 짓는다, 이상한 말 아닙니까? 감옥이 뭔가 해결할 수 있다고 보는 것은 부조리한 발상입니다. 비교형법학에서도 이미 일반 상식처럼 된 말이지만, 감옥은 굉장히 나쁜 도구라고 봅니다. 사실상 감옥에 오기 전의 범죄 행위를 예방하는 것이 중요하지 감옥에 오게 한 다음, 감옥이 모자란다고 감옥을 더 짓는 것이 말이 됩니까? 범죄 정의와 사회 정의는 밀접한 연관 관계가 있습니다. 범죄를 줄이기 위해 사회 정의를 구현하는 것, 사회적 불평등을 줄이는 것 이외에 달리 무슨 방법이 있겠습니까? 아무리 좋은 감옥이라 하더라도 인간성을 파괴하는 역할밖엔 하지 않습니다.

옮긴이 —— 종교 단체의 민영 감옥 개소에 대해서 일부 비판이 있지만, 종교적 선도를 통해 재소자를 개화시킨다고 하는 것 자체를 믿는 경향이 있는 것 같습니다. 더욱이 국가가 형무 예산의 부족 때문에 이런 무리수를 둔 것 같습니다. 이 민영 교도소 안은 어느 정도 개혁적이었던 한국 정부 시절에 이미 추진된 것입니다.

로익 바캉 ── 형무 제도는 정말 비용이 많이 드는 사업이라 어떤 국가라도 할 수만 있으면 비용을 댈 수 있는 다른 단체를 찾습니다. 그게 공영 민영 연합이건, 민영 영리 단체건 말이죠. 이건 전 세계적인 현상입니다. 주식시장에까지 진입한 미국의 사설 교정 회사들을 보세요. 국가가 돈이 없으면, 또 행정적·정치적 역량도 발휘하지 못하면 그렇게 됩니다. 외부 원조처를 찾을 게 아니라 관료기술 역량을 발휘하는 게 더 시급한 일인데요. 프랑스의 형무소 실태만 하더라도 굉장히 심각해 유럽연합의 조사와 제재를 받기까지 했습니다. 감옥은 항상 차게 마련이고, 그러면 새로운 감옥을 또 짓게 되고. 수용 과밀 문제는 항상 생기게 마련입니다.

옮긴이 ── 마지막으로, 번역하면서 인상적이었던 것을 말하고 싶습니다. 옮기면서 재미를 느꼈던 것 중의 하나가 인용 따옴표의 중의성입니다. 일반 상식처럼 쓰이는 용어들에 일일이 인용 따옴표를 하면서 주의할 것을 환기하셨는데요, 책에 굉장히 따옴표가 많았어요. 일반 상식, 일반 담론, 일반 용어, 일상 편견에 도전하고 공격하는 힘을 느꼈습니다. 사이비 이데올로기들을 조롱하는 유머도 느꼈고요.

로익 바캉 ── 그런 지적을 해주시니 흐뭇합니다. 일반 상식화된 말들은 만들어진 담론이 많기 때문이죠. 인용 따옴표를 한 것은 사회학자들의 분석 용어와 일반 상식어를 구분하기 위해서였어요. 정치 담론,

관료 용어, 가령 '도시 외곽 폭력' 같은 말도 사실 증명된 것도 아니고 모두 집단적 믿음을 강요하는 고안된 담론이죠. 실제 현실이 아니지요. 피에르 부르디외의 스승이기도 한 가스통 바슐라르가 한 말인데, "학문은 따옴표의 아버지"라고 합니다. 따옴표의 주인, 학자는 따옴표를 만들어내는 자라는 거죠. 학문이라는 것은 집단적 믿음에 의문을 가하는 일, 긴장감을 조성하는 일이라는 거죠(프랑스어에 'entre guillemets[따옴표 치기]'라는 표현이 있는데, 어떤 단어를 쓸 때, 양손의 두 손가락을 토끼 귀처럼 펼쳐 따옴표를 흉내 내면서 이 말을 하면, '소위/이른바'라는 뜻도 되지만, 이 단어는 토론의 여지가 있는 문제 단어이니 긴장해서 들을 것을 주의시키는 효과가 있다-옮긴이). 과연 그런가? 하고 회의하는 것. 사회과학적 관점은 일반적으로 통용되는 언어, 개념들과 일정한 거리를 두면서 그것을 분석하는 일입니다.

옮긴이 —— 아는 사람은 알고 경계하면서 받아들이지만, 대부분은 당연한 개념처럼, 좋은 이미지로 인식하고 있는 '세계화' '유연화' '규제완화' '포스트모던' 이런 모든 단어들에 다 따옴표가 쳐져 있었습니다. 그런 단어를 인정하지 않겠다는 의지겠지요. 언어와의 싸움부터 해야 할 것 같습니다. 용어의 이면 공작을 밝히는 일부터 말입니다.

로익 바캉 —— 그런 용어들은 우리가 많이 생각하지 않고 바로 흡수합니다. 네오리베랄리즘(신자유주의), 이런 신용어들은 개념화된 이데올로기이지 현실 자체는 아닙니다. 그런데 무의식적으로 자동적으로 받아들입니다. 그런 용어로, 그런 안경을 쓰고 세상을 보라는 것이지요.

그런 카테고리들을 통해 세상을 보게 합니다. 네오리베랄리즘은 현재 세상을 묘사하는 한 방식일 수는 있어도, 진짜 세상은 아니지요. 부르디외 선생과 같이 쓴 논문이 있는데 〈제국주의적 명분의 계략Les ruses de la raison impérialiste〉에서 바로 이런 부분을 많이 다루었습니다. 신자유주의의 신新언어들을 다룬 논문도 있고요. 엄격한 사회학에서는 이런 용어들을 분석 도구로 삼는 것이 아니라 그 용어 자체를 분석 대상으로 삼습니다. 『가난을 엄벌하다』에서 형벌주의의 유포자, 신자유주의 세계화의 유포 주범자들로 사이비 지식인들, 위에서 하라는 대로 이데올로기를 만들어내는 싱크탱크들을 비판했는데, 지식인, 전달자의 역할이 아주 중요하다 할 것입니다. 제가 하는 일도, 우리가 책을 내고 이론異論을 제기하는 일도, 논쟁을 삼는 일도 그래서 끊임없이 해야 할 일들입니다.

■미주

1. 나는 '대중public'사회학이라는 말보다 '시민civic'사회학이라는 용어를 선호한다(최근 미국 사회학자들 사이에서 인기를 얻고 있기도 하지만). 최근 미국에서는 수단적 지식과 성찰적 지식 사이의 괴리를 이어보려는, 더 나아가 학술 대중과 일반 대중 둘 다를 동시에 지칭하는 말을 써보려는 노력이 이어져 왔다(물론 둘의 조합이 이질적이긴 하지만). '대중적' 혹은 '직업적(학문적)' 사회학 간의 양분이 미국 지식 사회의 특성이라면 특성이었다. 이것은 미국 학계의 정치와의 거리 두기, 사회적 무기력을 드러내는 측면이 있다. 이러한 태도는 앵글로아메리칸 지역 너머에서는 통하지 않으며, 미국 사회학자들의 입장을 정확하게 포착하지도 못한다. 이에 대해서는 다음을 볼 것. Dan Clawson et al.,(eds.), *Public Sociology: Fifteen Eminent Sociologists Debate Politics and the Profession in the Twenty-first* Century(Berkeley: University of California Press, 2007), 그리고 비교를 위해서는 다음을 볼 것. Gisele Sapiro(ed.), *L'Espace intellectuel en Europe*(Paris: La Découverte, 2009).

2. 미국과 유럽의 도시 양극화 논리에 대해서는 다음을 볼 것. Loïc Wacquant, *Urban Outcasts: A Comparative Sociology of Urban Marginality* (Cambridge, UK: Polity Press, 2008). 또한 도시빈민 규제 및 형벌화에 대해서는 "The Body, the Ghetto and the Penal State," *Qualitative Sociology* 32, N°. 1(March 2009), pp. 101~129.

3. 후기산업사회 국가들의 노동-시장 규제 완화 정책에 대해서는 Thomas P. Boje(ed.), *Post-Industrial Labour Markets: Profiles of North America and Scandinavia*(London: Routledge, 1993); Gösta Esping-Andersen and Marino Regini, *Why Deregulate Labour Markets?*(Oxford: Oxford University Press, 2004); and Max Koch, *Roads to Post-fordism: Labour Markets And Social Structures in Europe*(Aldershot: Ashgate, 2006). 미국 제도의 영향을 받아 전개된 다른 선진 사회에서의 워크페어 정책에 대해서는 Heather Trickey and Ivar Loedemel(eds.), *An Offer You Can't Refuse: Workfare in International Perspective*(London: Policy Press, 2001); Jamie Peck, *Workfare States*(New York: Guilford Press, 2001); Joel Handler, *Social Citizenship and Workfare in the United States and Western Europe: The Paradox of Inclusion*(Cambridge: Cambridge University Press, 2004).

4. 이 날 세미나 내용이 "벌주는 기계La Machine à punir"라는 제목의 책으로 출판되어 프랑스 사법 관련자들에게 널리 읽혔다. Gilles Sainati and Laurent Bonelli(eds.), *La Machine à punir. Pratique et discours sécuritaires*(Paris: L'Esprit frappeur, 2001). 『가난을 엄벌하다』에서 다뤄진 프랑스 빈민 형벌화 정책(미국 형벌 제도의 영향을 받은)이 어떻게 더 진전되었고 확대되었는가에 대한 더 보완된 진단 및 분석을 보려면, Gilles Sainati/Ulrich Schalchli, *La Décadence sécuritaire*(Paris: La Fabrique, 2007); Laurent Bonelli, *La France a peur. Une histoire sociale de l'insécurité*(Paris: La Découverte,

2008); Laurent Mucchielli(ed.), *La Frénésie sécuritaire. Retour à l'ordre et nouveau contrôle social*(Paris: La Découverte, 2008).

5. Loïc Wacquant, "Towards a Dictatorship over the Poor? Notes on the Penalization of Poverty in Brazil," *Punishment & Society* 5, Nº. 2(April 2003), pp. 197~205. 라틴아메리카 국가들의 반빈곤 정책으로서의 형벌주의 양식 및 그 적용에 대한 더 자세한 분석을 보려면, "The Militarization of Urban Marginality: Lessons from the Brazilian Metropolis," *International Political Sociology 1*, Nº. 2(Winter 2008), pp. 56~74(포르투갈에서 먼저 발행된 판본 으로는, "A militarização da marginalidade urbana: lições da metrópole brasileira," *Discursos Sediciosos. Crime, direito e sociedade*, Rio de Janeiro, 15-16, 2007, pp. 203~220).

6. 가령 아르헨티나의 경우만 해도 중도좌파 후보 아니발 이바라의 주요 선거 공약 역시 범죄와의 전쟁이었다. 선거 전단의 문구들만 봐도 그렇다. 내가 아르헨티나의 한 국영 방송에 나가 『가난을 엄벌하다』를 소개하고 난 후, 출판사를 통해 페로니스트(페론주의자) 좌파 정당으로부터 이바라의 "강철 주먹(마노 두라)" 공약을 규탄하는 그들의 기자 회견에 동석해줄 수 있겠냐는 제안이 있었다.

7. Juan Gabriel Valdès, *Pinochet's Economists: The Chicago School in Chile*(Cambridge: Cambridge University Press, 1984).

8. 모든 통계 자료는 다음에서 참조. International Center for Prison Studies, *World Prison Brief*(London: King's College, 2007). 또한 다음을 볼 것. Fernando Salla/Paula Rodriguez Ballesteros, *Democracy, Human Rights and Prison Conditions in South America*(São Paulo: Núcleo de Estudos da Violencia, USP, November 2008).

9. 콜롬비아 자료에 대해서는 Manuel Iturralde, "Emergency Penality and Authoritarian Liberalism: Recent Trends in Colombian Criminal Policy,"

Theoretical Criminology 12, N°. 3 (2008), pp. 377~397.

10. 미국의 대외정책과 범죄 사법 규준, 목표 간의 장기적인 교차 및 횡단에 대한 정밀한 분석을 위해서는 다음을 볼 것. Ethan A. Nadelmann, *Cops Across Borders: The Internationalization of U.S. Criminal Law Enforcement* (University Park, PA: Pennsylvania State University Press, 1994).

11. 맨해튼연구소 남미 연합 세력이라면 브라질의 the Instituto Liberal, the Fundação Victor Civita. the Fundação Getúlio Vargas, 칠레의 the Instituto Libertad y Desarrollo, the Fundacion Paz Ciudadana, 아르헨티나의 the Fundacion Libertad. 두 대륙 간의 사회적·정치적·행정 관료적 차이에도 불구하고 톨레랑스 제로의 직접 이전성에 대한 맹목적인 믿음은 브래튼William Bratton, 앤드류스William Andrews의 다음 기사에도 잘 드러나 있다. "Driving Out The Crime Wave: The Police Methods that Worked in New York City Can Work in Latin America," *Time*, 23, July 2001.

12. "The Americas Court a Group That Changed New York," *New York Times*, 11, November 2002.

13. Lucia Dammert/Mary Fran T. Malone, "Does It Take a Village? Policing Strategies and Fear of Crime in Latin America," *Latin American Politics & Society* 48, N°. 4(2006), pp. 27~51. 브라질 실례에 대해서는, Juliana Resende, *Operação Rio. Relato de uma guerra brasileira*(São Paulo: Página Aberta, 1995), 그리고 호세 파딜라José Padilha의 영화 〈엘리트 무리들Tropa de Elite〉(2007년 작/ 2008년 베를린 영화제 황금곰상 수상)의 시점을 참고할 것.

14. Eric Hershberg/Fred Rosen, *Latin America After Neoliberalism: Turning the Tide in the 21st Century?*(New York: New Press, 2006), p. 432.

15. Jordi Pius Lorpard, "Robocop in Mexico City," *NACLA: Report on the*

Americas 37, N°. 2(September-October 2003). "36-hour whirlwind of mean streets and chic suites," "the world's best-paid crime-fighting consultant," "Mexico City Journal: Enter Consultant Giuliani, His Fee Preceding Him," *New York Times*, 16, January 2003.

16. Henrik Tham, "Law and Order as a Leftist Project? The Case of Sweden", *Punishment & Society*, 3, N°. 3(September 2001), pp. 409~426; Laurent Mucchielli, "Le nouveau management de la sécurité à l'épreuve : délinquance et activité policière sous le ministère Sarkozy(2002~2007)," *Champ pénal* 5(2008); Juanjo Medina-Ariza, "The Politics of Crime in Spain, 1978~2004," *Punishment & Society*, 8, N°. 2(April 2006), pp. 183~201; Diane E. Davis, "El factor Giuliani: delincuencia, la 'cero tolerancia' en el trabajo policiaco y la transformación de la esfera pública en el centro de la ciudad de México," *Estudios Sociológicos* 25(2007), pp. 639~641.

17. Loïc Wacquant, "Ordering Insecurity: Social Polarization and the Punitive Upsurge," *Radical Philosophy Review* 11-1(Spring 2008), pp. 9~27.

18. 그 하나의 예증적 지표. 범죄학 및 범죄 예방에 관한 스칸디나비아 반도 국가에서 나온 10여 년간의 자료 중에 윌리엄 브래튼 혹은 루돌프 줄리아니에 대한 참조는 단 한 건도 없다. 톨레랑스 제로에 대한 언급은 단 11건에 그치며, 그것도 북부 유럽 개념에는 적용할 수 없다는 점을 주로 달면서다.

19. Jock Young, *The Exclusive Society: Social Exclusion, Crime and Difference in Late Modernity*(London: Sage, 1999), *The Vertigo of Late Modernity*(London: Sage, 2007); David Garland, *The Culture of Control: Crime and Social Order in Contemporary Society*(Chicago: University of

Chicago Press, 2001); John Pratt, *Punishment and Civilization: Penal Tolerance and Intolerance in Modern Society*(London: Sage, 2002); Hans Boutellier, *The Safety Utopia: Contemporary Discontent and Desire as to Crime and Punishment*(Dordrecht: Kluwer Academic Publishers, 2004); Pat O'Malley(ed.), *Crime and the Risk Society*(Aldershot: Ashgate, 1998); Jonathan Simon, *Governing Through Crime: How the War on Crime Transformed American Democracy and Created a Culture of Fear*(New York: Oxford University Press, 2007).

20. Loïc Wacquant, "Crafting the Neoliberal State: Workfare, Prisonfare and Social Insecurity," *Theoretical Criminology* 13, N°. 3(Fall 2009): in press.

21. Jamie Peck/Nik Theodore, "Variegated Capitalism," *Progress in Human Geography* 31, N°. 6(2007), pp. 731~772.

22. 미국 형벌 정책 및 치안 작전의 대서양 횡단 붐에 대해서 톤리Tonry는 이렇게 쓰고 있다. "미국은 범죄와의 전쟁의 대단한 수입자도 영향력 거센 수출업자도 아니다. 〔……〕 유럽 각지에서 서부 유럽 국가들은 이 분야에 관해서라면 미국의 영향을 받지 않고 자체적인 혁신을 통해 서로 우열을 겨루고 있는 듯하다"(Michael Tonry, "Symbol, Substance, and Severity in Western Penal Policies," *Punishment & Society* 3, N°. 4, October 2001, pp. 517~536, 519). '감옥 체제carceral state'에 관한 미국에서 나온 최근 사회과학 연구물들은 미국식 개발 모델의 외국으로의 가지치기에 대해 대부분 함구하고 있다. Marie Gottschalk, "Hiding in Plain Sight: American Politics and the Carceral State," *Annual Review Political Science* 11(2008), pp. 235~260.

23. Desmond King/Mark Wickham-Jones, "From Clinton to Blair: The Democratic(Party) Origins of Welfare to Work," *Political Quarterly* 70, N°. 1(December 1999), pp. 62~74; Jamie Peck/Nik Theodore, "Exporting

Workfare/Importing Welfare-to-Work: Exploring the Politics of Third Way Policy Transfer," *Political Geography* 20, N°. 4(May 2001), pp. 427~460; Trevor Jones/Tim Newburn, "Learning from Uncle Sam? Exploring US Influences on British Crime Control Policy," *Governance: An International Journal of Policy* 15, N°. 1(January 2002), pp. 97~119.

24. Loïc Wacquant, "Racial Stigma in the Making of the Punitive State," in Glenn C. Loury et al., *Race, Incarceration and American Values*(Cambridge, MA: MIT Press, 2008), pp. 59~70. 또 *Deadly Symbiosis: Race and the Rise of the Penal State*(Cambridge: Polity Press, 2009).

25. 미국이 자신들의 민속적folklore 개념을, 즉 혈통주의에서 나온 언더클래스라는 개념 및 인종 차별주의라는 가공의 동화를 수출하면서 동시에 가난한 자에 대한 톨레랑스 제로 정책을 수출한 것이 괜히, 우연히 그런 것은 아니다. 이에 대해서는 Pierre Bourdieu/Loïc Wacquant, "The Cunning of Imperialist Reason," *Theory, Culture, and Society* 16, N°. 1([1998] February 1999), pp. 41~57.

26. 특히 다음을 볼 것. Tim Newburn and Richard Sparks(eds.), *Criminal Justice and Political Cultures: National and International Dimensions of Crime Control*(London: Willan, 2004); Trevor Jones and Tim Newburn, *Policy Transfer and Criminal Justice*(Open University Press, 2006); John Muncie and Barry Goldson(eds.), *Comparative Youth Justice*(London: Sage, 2006); Peter Andreas/Ethan Nadelmann, *Policing the Globe: Criminalization and Crime Control in International Relations*(New York: Oxford University Press, 2006).

27. 공공정책의 전 세계적 파급에 대해 다루는 권위 있는 사회학 연구지들도 대부분 범죄와 처벌 정책의 파급에 대해서는 침묵으로 일관한다. 싱크탱크들이 쓴

글 중에서는 단 한 건을 찾았다. Frank Dobbin, Beth Simmons, Geoffrey Garrett, "The Global Diffusion of Public Policies: Social Construction, Coercion, Competition, or Learning?," *Annual Review of Sociology* 33(2997), pp. 449~472.

28. 청년층 범죄의 재형벌화에 대한 반응 및 최근 경향에 대해서는 John Muncie, "The Punitive Turn in Juvenile Justice: Cultures of Control and Rights Compliance in Western Europe and the USA," *Youth Justice* 8, N°. 2(2008), pp. 107~121.

29. Loïc Wacquant, *Punishing the Poor: The Neoliberal Government of Social Insecurity*(Durham and London: Duke University Press, "History, Politics, and Culture" 시리즈, 2009).

제1부 미국산 형벌국가는 어떻게 전 세계에 파급되었나

1. "세계화" "유동화" "다문화주의" "공동체주의" "게토" "언더클래스" 혹은 그 사촌 격인 "포스트모던" 등 전 세계적으로 유포된 이 새로운 용어 및 개념에 대한 사회적·문화적 메커니즘에 대해서는 Pierre Bourdieu, Loïc Wacquant, "Les ruses de la raison impéraliste," *Actes de la recherche en sciences sociales*, 121-122, mars 1998, pp. 109~118을 볼 것.

2. Régis Debray, Max Gallo, Jacques Juillard, Blandine Kriegel, Olivier Mongin, Mona Ozouf, Anicet Le Pors, Paul Thibaud, "Républicain, n'ayons pas peur!," *Le Monde*, 4 septembre 1998, p. 13(서명자의 수와 서명자들의 다양한 정치적 배경은 이 안이 겉으로 보기에 아주 중립적이며 그래서 권고할 만한 사항이라는 인상을 갖게 한다).

3. 미국에 대한 경제적·외교적 예속으로 말미암아 이 지역은 미국과 비교될 만한

수준의 범죄율을 자랑한다. 가령 멕시코는 매해 겨울 '북의 큰 형님'이 분부하신 '마약과의 전쟁'을 충실히 수행했음을 보고하기 위해 미국 총회 앞에서 몸을 비비 꼬아야 한다.

4. Loïc Wacquant, "L'ascension de l'Etat pénal en Amérique," *Actes de la recherche en sciences sociales*, 124, septembre 1998, pp. 7~26. 미국 '형무붐'의 주요 요소들에 대한 시놉시스를 파악하려면 p. 71과 그 이하.

5. Cf., 이 주제에 대해서는 Steven Donziger, "Fear, Politics and the Prison-Industrial Complex," *The Real War on Crime*, New York, Basic Books, 1996, pp. 63~98.

6. James A. Smith, *The Idea Brokers: Think Tanks and the Rise of the New Policy Elite*, New York, The Free Press, 1991.

7. Charles Murray, *Losing Ground: American Social Policy, 1950~1980*, New York, Basic Books, 1984.

8. Chuck Lane, "The Manhattan Projet," *The New Republic*, 25, mars, 1985, pp. 14~15.

9. 방법론에 있어서의 이 책의 명성을 알고 싶다면, William Julius Wilson, *Les Oubliés de l'Amérique*, Paris, Desclée de Brouwer, 1995, orig. 1987.

10. George Gilder, *Wealth and Poverty*, New York, Basic Books, 1981; "Blessed are the Money-Markers," *The Economist*, 7 mars 1981, pp. 87~88. 1980년대 빈곤을 저지하자고 나온 자유적(진보적) 관점에서의 빈곤 및 그 무능력에 관한 태곳적 보수주의적 발언에 대해서는 Michael B. Katz, *The Underserving Poor: From the War on Poverty to the War on Welfare*, New York, Pantheon, 1989, pp. 137~184를 볼 것.

11. Charles Murray, *In Pursuit of Happiness and Good Government*, New York, Simon and Schuster, 1988. 10년 뒤 자신의 철학서 출간이 성공하지 못

한 데 대단히 실망해 분명 다시 이런 제목의 책자를 발간했을 것이다. *What It Means to Be a Libertarian: A Personal Interpretation*, New York, Broadway Book, 1998.

12. Charles Murray, Richard Herrnstein, *The Bell Curve: Intelligence and Class Structure in American Life*, New York, Free Press, 1994, pp. 167, 253, 251/pp. 532~533. 이 완전 보수적이고 인종 차별적인 책자에 대한 신랄한 평을 보려면 Claude Fischer, *Inequality by Design: Cracking the Bell Curve Myth*(Princton University Press, 1996). 똑같은 실증 자료를 가지고 정반대의 결론을 이끌어낸다. 찰스 머레이와 리처드 베른슈타인 테제의 이데올로기적인 성격을 파악하기 위해서는 같은 통계를 복제해 다르게 해석한 다음 자료를 볼 것. F. T. Cullen, P. Gendreau, G. R. Jarjoura, J. P. Wright, "Crime and the Bell Curve: Lessons from Intelligent Criminology," *Crime and Delinquency*, 43-4, Octobre 1997, pp. 387~411.

13. 맨해튼연구소가 공식 무대에 본격 등장하는 과정의 일화들을 보면, 학술회의 때마다 현실을 개탄하며 격분해 노트하는 루돌프 줄리아니의 모습이 묘사되어 있고, 그의 자문관들과 자주 회동하는 모습도 볼 수 있다. 줄리아니 시장 스스로 도 이 학술회의를 통해 많은 '학문'의 빚을 졌음을 여러 차례 공식적으로 밝힌 바 있다.

14. George Kelling, Catherine Coles, *Fixing Broken Windows: Restoring Order and Reducing Crime in Our Communities*, New York, The Free Press, 1996; 이 책이 다시 취한 원 논문은 James Q. Wilson, George Kelling, "Broken Windows: The Police and Neighborhood Safety," *Atlantic Monthly*, mars 1982, pp. 29~38. 만일 이 '좋은 의미의 이론'이 사실이라면, 이런 안이 고안되는 데 왜 15년 이상이나 걸렸을까 의문이 든다.

15. William Bratton, "Cutting Crime and Restoring Order: What America Can

Learn from New York's Finest," *Heritage Lecture* n. 573, Washington, Heritage Foundation, 1996. 또 "The New York City Police Department's Civil Enforcement of Quality of Life Crimes," *Journal of Law and Policy*, 12, 1995, pp. 447~64. "Squeegees Rank High on Next Police Commissioner's Priority List," *The New York Times*, 4 décembre 1993. 토니 블레어와 특히 내무부 장관 잭 스트로는 몇 달 후 바로 이 스퀴지맨 문제를 유럽 테마로 본격 다루었다.

16. 최근 미국에서 경쟁 중인 '경찰 개혁'의 세 가지 모델에 대한 설명을 보려면, Jean-Paul Brodeur, "La Police en Amérique du Nord: des modèles aux effets de mode?" *Les Cahiers de la sécurité intérieure*, 28-2, printemps 1997, p. 182.

17. "NYPD, INC," *The Economist*, 7925, 20 juillet 1995, p. 50, "The CEO Cop," *New Yorker Magazine*, 70, 6 février 1995, pp. 45~54.

18. *Citizen's Budget Commission*, rapport annuel, octobre 1998.

19. Judith A. Greene, "Zero Tolerance: A Case Study of Police Policies and Practices in New York City," *Crime and Delinquency*, 45-2, avril 1999, pp. 171~187.

20. 뉴욕의 살인 건수는 이미 1990년과 1994년 사이 2천 3백 건에서 1천 2백 건으로 절반 이상 떨어졌다. 그리고 절도, 기물 파손 등 재산 침해 건수는 25퍼센트 정도 줄었다. 캐나다에서도 1990년부터 특별한 치안 개혁 없이도 현격히 범죄가 줄어들었음이 관측되었다.

21. William W. Bratton, Peter Knobler, *Turnaround: How America's Top Cop Reversed the Crime Epidemic*, New York, Random House, 1998. 윌리엄 브래튼은 스포츠 스타, 정치가들의 자서전 대필가로 이름을 날린 기자 노블러와 함께 그의 자서전을 넘기는 대가로 37만 5천 달러의 선인세를 받았다. 그는 또한 '퍼스트 세큐리티 First Security'라는 고문 회사를 차려 미국과 다른 외국

등에 그의 감정가를 팔았다.

22. 1993년 루돌프 줄리아니가 뉴욕 시장에 당선되었을 때 뉴욕 시는 이미 FBI 선정 범죄율 낮은 도시 87위에 랭크되었다(전체 189개 도시 가운데).

23. "Zero Tolerance Will Clean up our Streets," *Scottish Daily Record Sunday Mail*, 10 février 1999. David Garland, "Les contradictions de la société punitive: le cas britannique," *Actes de la recherche en sciences sociales*, 124, septembre 1998, pp. 56~59. A. Crawford, *The Local Governance of Crime: Appeals to Community and Partnership*, Oxford, Clarendon Press, 1997.

24. "폴란드인은 특히 자동차 절도에 능하고, 매매춘업은 러시아 마피아들이 다 잡고 있으며, 마약 범죄단들은 유럽 남동부 국가 및 아프리카 쪽에서 자주 옵니다. 〔……〕 외국인 범죄에 더 이상 겁을 먹고 있을 수만은 없습니다. 우리의 환대에 이런 식으로 보답하는 자들한테는 답이 딱 하나밖에 없습니다. 이 말 한 마디입니다. '당장 나가주시오!'"(게르하르트 슈뢰더의 1997년 대선 운동 기간 발언,《르몽드》1999년 1월 28일자). 독일의 사례는 특히 흥미롭다. 유럽 국가들이 다양하지만, 이 미국산 상품의 수입 과정에서 나타나는 공통적인 과정을 잘 보여주기 때문이다. '메이드 인 USA' 치안 상품을 미국에서 직수입하거나(윌리엄 브래튼 1998년 독일 순회 참조) 미국 형벌 이데올로기의 여타 기후 적응국들의 중간 교섭을 통했다(미국에 대한 영국 토니 블레어 정부의 시샘 어린 경쟁 및 밀라노 가브리엘레 알베르티니가 보인 이 상품에 대한 양면적이면서도 적극적인 관심사 참조).

25. "Lawsuit Seeks to Curb street Crimes Unit, Alleging Racially Biased Searches," *The New York Times*, 9 mars 1999. 뉴욕의 사회적 토대 및 경찰 폭력에 대한 신중한 분석을 읽고 싶다면, Paul Chevigny, *Edge of the Knife: Police Violence in the Americas*, New York, The New Press, 1995, 2장을 볼 것.

26. "Those NYDP Blues," *US News and World Report*, 5 avril 1999. 뉴욕 경찰

청 자료에 따르면, 무기 소지 금지를 위한 거리 단속에서 무기 소지자 1인당 29회의 검문 및 체포가 있었다. 통상 기준보다 확실히 높은 비율이다(보통 10회).

27. Judith A. Green, "Zero Tolerance: A Case Study of Police Policies and Practices in New York City," *art. cit.*, pp. 171~187.

28. "Cop Rebellion Against Safir: 400 PBA Delegates Vote No Confidence, Demand Suspension," *New York Daily News*, 14 avril 1999.

29. "Poll in New York Finds Many Think Police are Biased," *The New York Times*, 16 mars 1999.

30. "Crackdown on Minor Offenses Swamps New York City Courts," *The New York Times*, 2 février 1999.

31. "Dismissed by Prosecutors Before Reaching Court, Flawed Arrests Rise in New York City," *The New York Times*, 23 août 1999. 구치소 입장 수는 New York City Department of Corrections, New York State Division of Criminal Justice Service의 보고서 등을 참조할 것.

32. 말콤 필리는 범죄 및 경범죄를 저지른 하층 계급이 받는 진짜 형벌 제재는 법적 실형이라기보다 재판 사실 자체 및 재판 과정에서 겪는 무질서하고 고압적이며 비인간적인 법정 분위기로 인한 정신적 피해, 혹은 재판 경비로 인한 경제적·사회적 피해라고 본다. Malcolm Feeley, *The Process is the Punishment: Handling Cases in a Lower Criminal Court*, New York, Russel Sage Foundation, 1979, pp. 199~243.

33. Keith Dixon, *Les Évangélistes du marché*, Paris, Éditions Raisons d'agir, 1998. 여기다 거의 사촌 격, 쌍둥이 격이 되는 이론을 옹호하는 데모스 연구소 Institute of Demos를 추가해야 한다. 이 연구소 이름은 토니 블레어 정부 팀이 붙여주었다.

34. Charles Murray, *The Emerging British Underclass*, Londres, Institute of

Economic Affairs, 1990, p. 41/p. 45.

35. Frank Field, MP, "Britain's Underclass: Countering the Growth," in *the Emerging British Underclass, op. cit.*, pp. 58~59.

36. Ruth Lister(éd.), *Charles Murray and the Underclass: The Developing Debate,* Londres, Institute for Economic Affairs, 1996. 드브레, 갈로, 쥘리아르 등은 형벌 관용주의 때문에 프랑스 공화국도 유사한 위협을 당하고 있다고 토로한다("Républicains, n'ayons pas peur"). 미레이가 쓰는 수사법은 '새로운 빅토리아'(노동의 미덕과 가부장제의 미덕, 절제의 미덕)와 잡거, 노동 거부, 범죄 구렁텅이에 틀어박힌 '새로운 천민'을 양극적으로 대립시켜 나온 것들 투성이다. '사회적 단층fracture sociale'이라는 프랑스적 발언의 미국-영국 버전이라 할 이 사이비 사회학의 허튼소리는《선데이 타임스》및 다른 영국 일간지에 여러 차례 다시 실렸다("Britain Split as Underclass Takes Root alongside 'New Victorians'," *The Sunday Times*, 22 mai 1994).

37. Lawrence Mead(éd.), *From Welfare to Work: Lessons from America,* Londres, Institute of Economic Affairs, 1997.

38. Lawrence Mead, *Beyond Entitlement: The Social Obligations of Citizenship*, New York, Free Press, 1986, pp. 13, 200/p. 87.

39. Lawrence Mead, *The New Politics of Poverty: The Nonworking Poor in America*, New York, Basic Books, 1992, p. 239. 로렌스 미드의 궤변에 대한 신랄한 비판을 보려면, Michael B. Katz, "The Poverty Debate," *Dissent,* automne 1992, pp. 548~553.

40. Lawrence Mead(éd.), *The New Paternalism: Supervisory Approaches to Poverty*, Washington, Brooking Institution Press, 1997, pp. 21~22.

41. Brooking Institution의 회장이며 '진보주의자'라는 딱지가 붙은 싱크탱크('신민주당'과 매우 가깝다)인 마이클 아마코스트Michael Armacost는 이 연구를 지

원하고 그것을 책으로 출판했다. 이 책 서문은 하층 무산계급을 다루는 데 있어서 사회복지 및 형벌 정책의 통합에 대해 아주 길게 설명한다. "미국 사회복지 정책은 점점 더 부권주의가 되어가고 있다. 전통적 사회복지 프로그램은 빈민들에게 원조를 제공했다. 하지만 최근 국가는 복지 프로그램에 더욱 의존적이 되어가고 있는 빈민들의 생활을 '사회 원조라는 수단을 통해 혹은 형벌 제도라는 수단을 통해' 감시하고 있다"(*The New Paternalism, op. cit.*, p. 7. 작은따옴표 강조는 내가 한 것이다).

42. Lawrence Mead(éd.) *The New Paternalism, ibid.*, p. 22. 빈민층의 인종적 혼합에 대한 이 사적인 신화에 대한 신랄한 반박을 보려면 Douglas Massey, Nancy Denton, *American Apartheid*, Cambridge, Harvard University Press, 1993.

43. 프랭크 필드Frank Field는 머레이와 미드의 견해를 바로 채택해 책을 썼다. 제목만 해도 머레이의 『지반 상실Losing Ground』의 변형 같다. *Losing Out: The Emergence of Britain's Underclass*(Oxford, Basil Blackwell, 1989).

44. Lawrence Mead, *From welfare to work: Lessons from America, op. cit.,* p. 127.

45. Lawrence Mead, "The Debate on Poverty and Human Nature," in S. Carlson-Thies J. Skillen(éd.), *Welfare in America: Christian Perspectives on a Policy in Crisis*, Cambridge, William Eerdmans Publishing Co., 1996, pp. 215~216, 238, 241.

46. 1989년과 1994년 《선데이 타임스》는 미국에서 온 방문객의 특별 제안이라며 찰스 머레이에 관한 기사를 2부로 나누어 전 지면을 할애해 내보냈다. 이 나라 어떤 범죄 전문가도 이런 좋은 대우를 받아본 적이 없다. 머레이의 제안은 어떤 독창적인 연구도 아니고 제임스 윌슨, 존 디이울리오 같은 극우 보수주의 범죄학자들의 이론을 이것저것 취합해 단순하게 도식화한 것에 불과하다. 사회학

전조등을 켜고 달리는 듯 폼을 잡지만, 보수주의 이데올로기 마케팅을 위한 상술에 불과하다.

47. Charles Murray(éd.), *Does Prisons Work?*, Londres, Institute for Economic Affairs, 1997, p. 26.

48. David Downes, "Toughing It Out: From Labour Opposition to Labour Government," *Policy Studies*, 19-3/4, hiver 1998, pp. 191~198.

49. Norman Dennis et als., *Zero Tolerance: Policing A Free Society,* Londres, Institute for Economic Affairs, 1997. 토니 블레어의 선언은 1997년 4월 10일자 《가디언 Guardian》에 실렸다("이런 전개와 발전을 위해 저에게 자세한 정보를 주신 스태포드셔 킬 대학의 리처드 스파크 교수에게 심심한 감사를 드립니다.")

50. *Times Literary Supplement*, 4919, 11 juillet 1997, p. 25. 같은 지면에 '영국 경찰 무장하기 Arming the British Police'라는 제목의 책 광고도 실렸다.

51. 리오넬 조스팽 내각이 주최한 '자유 시민을 위한 안전 도시'에 관한 빌팽트 심포지엄 때 내무부 장관은 교육 정책과 형벌 정책 간의 대담한 비교론을 펼쳤다. "제 상상력을 좀 발휘해도 좋다면, 더 많은 대학을 설립하기 위한 '대학 2000' 플랜처럼, 문제 구역 인근에 더 많은 경찰서를 세우는 방안을 위한 '2002 구역 안전' 5년 플랜을 세워보면 어떨까 합니다"(내무부 홈페이지 사이트에서 열람 가능한 문건이다).

52. 인용 따옴표는 보몽과 토크빌의 표현임. "Système pénitentiaire aux Etats-Unis et son application en France," in Alexis de Tocqueville, *Œuvres complètes*, t. IV: *Écrits sur le système pénitentiaire en France et à l'étranger,* Michelle Perrot 해제, Paris, Gallimard, 1984, p. 11.

53. 1999년 초 극우 정당 국민전선 FN의 유권자를 잡기 위해 혹은 지지 정당 후보가 따로 없는 부동층의 마음을 잡기 위해 이런 선거 공약이 불거져 나왔다. 미국에서 '범죄와의 전쟁' 같은 군사 용어가 남발되는 것처럼 갑자기 이 나라가 적들

의 침략이라도 받은 양 공화국적 질서를 '재건'한다느니 방리유(도시외곽)를 '재탈환'한다느니 하는 무시무시한 발언들이 쏟아져 나왔다. 조스팽 정부가 발표한 조치들이 갑자기 가속화된 것도 그래서다. 청소년 범죄를 더욱 엄단하겠다는 총리의 갑작스러운 태도 변화도 이런 정국을 반영한다. 반면 이 문제에 대한 정부의 공식 보고서(보고서를 주문한 쪽이나 작성자나 모두 통계 자료를 면밀히 정독하지 않았다)만 제대로 읽었어도 언론이 떠드는 것과는 달리 10여 년 동안 이 지역의 인상은 그다지 변하지 않았음을 알 수 있었을 것이다(Cf. 범죄학자 Bruno Aubusson de Cavarlay의 부록 "Statistiques," in Christine Lazergues/Jean-Pierre Balduyck, *Réponses à la délinquance des mineurs. Mission interministérielle sur la prévention et le traitement de la délinquance des mineurs*, Paris, La documentation française, 1998, pp. 263~91; *idem, La mesure de la délinquance juvénile*, Paris, Cesdip, 1998). pp. 57~58.

54. Sophie Body-Gendrot, Nicole Le Guennec, Michel Herrou, *Mission sur les violences urbaines. Rapport au Ministre de l'intérieur*, Paris, La documentation française, 1998. 치안 감시를 정당화하는 '도시 폭력' 개념에 대한 관료주의적 발상에 대해서는 Vincent Laurent, "Les Renseignements généraux à la découverte des quartiers," *Le Monde diplomatique*, 541, avril 1999, pp. 26~27.

55. Lazergues et Balduyck, *Réponses à la délinquance des mineurs, op. cit.*, pp. 433~36.

56. 가령 다수의 연구물 중에 William Ruefle, Kenneth Mike Reynolds, "Curfews and Delinquency in Major American Cities," *Crime and Delinquency*, 41-3, juillet 1995, pp. 347~363.

57. Julien Damon, William Bratton, P. Knobler 감수, *Turnaround: How America's Top Cop Reversed the Crime Epidemic*(1997), *Les Cahiers de la* *sécurité intérieure*, 34, 1998, pp. 263~265. 브래튼의 사이비 자서전에서 언급된 '권위적·인종 차별적 관료주의'에 대한 날카로운 분석을 보려면 cf. Helmut Otner, Arno Pilgram, Heinz Steinert(책임 집필), *Die Null-Lösung: Zero-Tolerance-Politik in New York—Das Ende der urbanenn Toleranz?*, Baden Baden, Nomos Verlag, 1998.

58. 로널드 레이건 정부 전(前) 교육부 장관과 함께 쓴 책(이보다 더 자극적인 제목이 있을 수 없을 만큼 수사법이 호전적이다)을 통해. William J. Bennett, John DiIulio, John P. Walters, *Body Count: Moral Poverty ... and How to Win America's War Against Crime and Drugs*, New York, Simon and Schuster, 1996.

59. Sébastien Roché, "Tolérance zéro: est-elle applicable en France?," *Les Cahiers de la sécurité intérieure*, 34-3, hiver 1998, pp. 217, 222, 225, 227.

60. Alain Bauer, Xavier Raufer, *Violences et insécurités urbaines*, Paris, Presses Universitaires de France, Collection 《Que sais-je》, n.3421 édition actualisée, 1999, pp. 62~65(이 책과 특히 관련되는 부분을 나에게 알려준 Citoyens Unis 협회에 감사드린다).

61. *Guide pratique pour les contrats locaux de sécurité*, Paris, La documentation française, 1997, pp. 133~134.

62. Sophie Body-Gendrot, *Les Villes face à l'insécurité: des ghettos américains aux banlieues françaises*, Paris, Bayard Editions, 1998. 이 책은 장르 법칙에 따라 학술 논문(발언에 권위를 실어주기 위해)과 보도 저널리즘(정책 결정자 및 미디어의 접근성을 위해)이 뒤섞여 있다. 장 보드리야르Jean Baudrillard와 윌리엄 윌슨William Julius Wilson이 옆에서 같이 놀 정도로 참고 문헌들도 마구 뒤섞여 있다. 《사이언스》 기사들, 《인터내셔널 헤럴드 트리뷴》 《누벨 옵세르바퇴르》 논단, 판사들 인터뷰 기사, 레이건 정부 자료집 등.

63. Bayard Presse에서 내보낸 서평 의뢰 자료에는 더 공격적인 스타일로 이렇게

질문한다. "프랑스 방리유와 미국 게토 사이에는 분명 수렴점이 존재한다. 미성년 범죄, 마약 범죄, 갱단들의 난투극 증가 등. 그렇다면 미국에서 '성공적으로' 이루어진 대량 수감 정책이 프랑스에서도 과연 실행될 수 있을까?"('성공적으로'라는 작은따옴표는 내가 친 것이다.)

64. 표시된 페이지는 브뤼노 오뷔송 드 카바를레Bruno Aubusson de Cavarlay의 부록 "Statistiques," in *Christine Lazergues*, Jean-Pierre Balduyck, *Réponse à la délinquance des mineurs, op. cit.*, pp. 263~291.

65. Lionel Jospin, "Lettres de mission," in C. Lazergues, J.-P. Balduyck, *Réponse à la délinquance des mineurs, op. cit.*, p. 9.

66. 이런 현상에 대한 통계 자료가 없음에도《리베라시옹Libération》의 논설위원은 확신을 가지고 이렇게 썼다. "최근 몇몇 도시 외곽에서 벌어진 상황은 관련 청소년들의 비율에서나 이들이 보여주는 폭력성의 정도에서나 행동 이행의 시기상조성에서나 전례가 없던 것이다"(7 janvier 1999).

67. "La loi Guigou adoptée en première lecture," *Libération*, 27-28 mars 1999.

68. 장-피에르 슈벤느망은 그에게 먼저 '도시 폭력에 관한 보고서'를 추천했고 도시 문제 각 부처 간 심의회는 미국의 '문제 지구 현장 학습을 위한' 몇 주간의 미국 연수 '임무'를 위한 비용을 지불해주었다(*Les villes face à l'insécurité, op. cit.*, p. 14).

69. Cf. Loïc Wacquant, "A Black City Within the White: Revisiting America's dark Ghetto," *Black Renaissance — Renaissance Noire*, 2-1, automne-hiver 1998, pp. 141~151.

70. Katherine Beckette, *Making Crime Pay: Law and Order in Contemporary American Politics*, Oxford, Oxford University Press, 1997.

71. Sophie Body-Gendrot, *Les Villes face à l'insécurité, op. cit.*, pp. 346, 332,

320~321. 이 책은 다음과 같은 감상적인 고양으로 끝을 맺는다. "경찰은 주민을 위해 봉사하고, 학교는 지역의 생활공간이 되고, 주민들 또한 범죄와의 전쟁에 직접 참여하니, 아! 도시에 또 하나의 지평선이 떠오르는 것을 본다." 달리 말해 인생vie이 아름다우니 도시vi(ll)e도 아름답다는 것이다!(정부 보고서 "Mission sur les violences urbaines"에 장식적 부록으로 들어간 "외국의 실증 사례"에도 이와 똑같은 결구가 나온다. *op. cit.*, p. 136.)

72. 학계와 정계의 관학 합동으로 나온 이 개념에 대해서는 Yves Dezalay, Bryant Garth, "Le 'Washington consensus': contribution à une sociologie de l'hégémonie du néo-libéralisme," *Actes de la recherche en sciences sociales*, 121-122, mars 1998, pp. 2~22.

제2부 유럽이 왜 사회복지국가를 포기하고 형벌국가를 추구하나?

1. 다른 예증. 독일 경제부 책자에 보면 1999년 여름 슈뢰더 총리의 신자유주의로의 솔직 대담한 표변을 확인할 수 있다. 공공 서비스비 160억 유로 삭감, 감세, 퇴직금 동결, 고용시장 규제 완화, 의료보험 긴축 등. 또한 베텔스만 미디어 재벌 회장 마크 외스터의 심장에서 터져 나오는 이 소리를 들어보라. "미국의 한 조각! 독일 최대 경제 번영을 위해 가야 할 길이 바로 이것이다!"

2. Cf. Economic Policy Institute, *Beware the US Model*, Washington, EPI, 1995, Charles Noble, *Welfare as We knew It: A Political History of the American Welfare State*, New York, Oxford University Press, 1997, 특히 "Backlash", pp. 105~135.

3. Children's Defense Fund, *The State of America's Children*, Boston, Beacon Press, 1998, Laurence Mishel, Jared Bernstein, John Schmidt, *The*

State of Working America, 1996~1997, New York, M.E. Sharpe, 1997, pp. 304~307.

4. 제2차 세계대전 이후 민주당 정부에 의해 공포된 사회복지 분야에 관한 한 가장 긴축적인 이 (가짜) "개혁"에 대해서는 Loïc Wacquant, "Les pauvres en pâture: la nouvelle politique de la misère en Amérique," *Hérodote,* 85, printemps 1997, pp. 21~33. 노벨 경제학상 수상자 로버트 솔로우Robert Solow 의 이 사이비 개혁에 대한 규탄에 대해서는 *Work and Welfare,* Princeton, Princeton University Press, The Tanner Lecture, 1998.

5. 이 수치와 앞 문단에 나온 수치는 하버드 대학 경제학 교수이자 National Bureau of Economic Research 고용정책연구위원장인 리처드 프리먼Richard Freeman의 중요 논문에서 빌려온 것이다. "Le modèle économique américain à l'épreuve de la comparaison," *Actes de la recherche en sciences sociales,* 124, septembre 1998, pp. 36~48.

6. Cf., Martina Morris, Bruce Western, "Inequality in earnings at the Close of the Twentieth Century," *Annual Review of Sociology,* 25, 1999, pp. 623~657, Sarah Anderson et al., *A Decade of Executive Excess,* Washington, Institute for Policy Studies, 1999, pp. 3, 8. 앤더슨과 그 공저자 에 따르면 만일 중간 노동자 월급이 지난 10여 년간 기업 간부 보수와 같은 속도 로 증가했다면 오늘날 미국 노동자의 연봉은 11만 달러 이상은 되었을 것이다 (최저임금은 시간당 22달러가 되었겠지만 현실은 5.15달러에 불과하다).

7. David Chalmers, *And the Crooked Places Made Straight: The Struggle for Social Change in the 1960's,* Philadelphie, Temple University Press, 1991, James T. Patterson, *Grand Expectations: The United States, 1945~1974,* Oxford, Oxford University Press, 1996, pp. 375~406/pp. 637~677.

8. Clavert Dodge(éd.), *A Nation Without Prisons,* Lexington, Lexington

Books, 1975; 이 논쟁에 대해서는 Norval Morris, *The Future of Imprisonment*, Chicago, The University of Chicago Press, 1974.

9. 이 통계는 Bureau of Justice Statistics에서 낸 여러 발행물들에도 나와 있다. 특히 정기 간행물 *Correctional Populations in the United States,* Washington, Government Printing Office.

10. Cf. Bureau of Justice Statistics, *Criminal Victimization in the United Sates, 1975~1995*, Washington, US Government Printing Office, 1997; Loïc Wacquant, "Crime et châtiment en Amérique de Nixon à Clinton," *Archives de politique criminelle*, 20, printemps 1998, pp. 123~138.

11. Vincent Schiraldi, Jason Ziedenberg, John Irwin, *America's One Million Nonviolent Prisoner's*, Washington, Justice Policy Institute, 1999; Caroline Wolf Harlow, *Profile of Jail Inmates 1996*, Washington, Bureau of Justice Statistics, 1998; John Irwin, James Austin, *It's about Time: America's Imprisonment Binge*, Belmont, Wadsworth, 1997, pp. 22~39.

12. 다이애나 고든Diana Gordon은 이 시너지를 *The Justice Juggernaut: Fighting Street Crime*(New Brunswick, Rutgers University Press, 1991)에서 아주 잘 묘사했다.

13. Joan Petersilia, "Parole and Prisoner Reentry in the United States," in Michael Tonry, Joan Petersilia(éds.), *Understanding Prisons: Performance and Policy Options*, Chicago, The University of Chicago Press, sous presse.

14. Malcom Feeley, Jonathan Simon, "The New Penology: Notes on the Emerging Strategy of Corrections and Its Implications," *Criminology*, 30-4, novembre 1992, pp. 449~474, Jonathan Simon, *Poor Discipline: Parole and the Social Control of the Underclass, 1890~1990*, Chicago, The University of Chicago Press, 1993.

15. 인력회사인 Manpower와 Kelly Service를 포함하면 미 50개 주 형무소는 고용 인원 규모에서 50위 안에 들어간다.

16. Donziger, *The Real War Against Crime, op. cit.,* p. 48.

17. Robert Gangi, Vincent Shiraldi, Jason Ziedenberg, *New York State of Mind? Higher Education vs. Prison Funding in the Empire State, 1988~1998,* Washington, Justice Policy Institute, 1998, p. 1.

18. 오늘날 미국에 지배적인 형벌 철학은 형무 종사업자들 간에 자주 쓰는 다음과 같은 표현으로 요약된다. "죄수가 죄수라고 느끼게 할 것"(Wesley Johnson, "Getting Tough on Prisoners: Results from the National Corrections Executive Survey, 1995," *Crime and Delinquency,* 43-1, janvier 1997, pp. 25~26). 체벌, 학대, 돌 깨기, 쇠사슬 묶인 채 도랑 청소하기 등의 노역, 발에 쇠고랑 채우기, 줄무늬 죄수복 입히기, 머리 빡빡 밀기 및 포르노 잡지, 저울, 아령, 크리스마스 선물 등의 차입 금지 등을 재도입해야 한다는 주장이 이래서 나왔다.

19. Daniel Burton-Rose, Dan Pens, Paul Wright(éds.), *The Celling of America: An Inside Look at the US Prison Industry,* Monroe(Maine), Common Courage Press, 1998, pp. 102~131.

20. Eric Lotke, "The Prison-Industrial Complex," *Multinational Monitor,* 17, 1996, p. 22. Nimby, 즉 문자 그대로 "내 뒷마당엔 절대 안 돼Not in my backyard"라는 표현은 일체의 산업적·상업적 폐기물에 반대하는 1970년대 환경운동의 표어였다. 이후 개념이 확대되어 어떤 건물이(가령 공장, 버스 주차장, 쓰레기 처리장, 피난소, 노숙자 보호소, 마약 중독자 재활원 등) 어떤 지역에 들어와 피해를 줄 것(땅값이 떨어지기 십상이다)을 우려해 이를 반대하는 차원의 지역 이기주의를 상징하는 말이 되었다.

21. 백인이라지만 실제 이 숫자에는 영국계 백인과 스페인계 백인이 상당수다. 라틴계가 수감자 그룹에 상당수 있어 그 시기 유럽 출신 백인 비율이 부쩍 높아졌다.

22. 제롬 밀러 Jerome Miller의 주저의 제목이기도 하다. *Search and Destroy: Afriacan-American Males in the Criminal Justice System* (Cambridge, Cambridge University Press, 1997).

23. Michael Tonry, *Malign Neglect: Race, Crime and Punishment in America*, New York, Oxford University Press, 1995, p. 105.

24. 1998년 뉴욕 주 아프리카계 미국인 가운데 주립형무소에 수감된 교도생 수가 3만 4천 8백 명일 때 뉴욕 주립대학 캠퍼스에 다니는 학생 수는 2만 7천 9백 명이었다. 라틴계는 2만 2천 4백 명이 교도생, 1만 7천 8백 명이 학생이었다(R. Gangi, V.Shiraldi, J. Ziedenberg, *New York State of Mind?, op. cit.*, p. 3).

25. William J. Chambliss, "Policing the Ghetto Underclass: The Politics of Law and Law enforcement," *Social Problems*, 41-2, mai 1994, pp. 177~184.

26. David Rothman, *The Discovery of the Asylum: Social Order and Disorder in the New Republic*, Boston, Little, Brown, 1971, pp. 254~255.

27. Bruce Western, Katherine Beckett, "How Unregulated is the US Labor Market? The Penal System as a Labor Market Institution," *American Journal of Sociology*, 104, janvier 1999, pp. 1135~1172.

28. Loïc Wacquant, "De la 'terre promise' au ghetto: la 'Grande Migration' noire américaine, 1916~1930," *Actes de la recherche en sciences sociales*, 99, septembre 1993, pp. 43~51; Kerner Commission, *The Kernert Report. The 1968 Report of the National Advisory Commission on Civil Disorders*, New York, Pantheon, 1989(1ère publication, 1968); Thomas Byrne Edsall, Mary D. Edsall, *Chain Reaction,* New York, W. W. Norton, 1991.

29. 감옥에서 태어난(그의 어머니 아페니 사쿠르 Afeni Shakur는 검은 표범 Black Panthers 당의 일원이었다) 이 갱스터랩의 공동 창안자는 게토 청년들의 영웅이었다. 라스베이거스에서 1996년 경쟁 래퍼 그룹(뉴욕 동부 힙합의 대표주자 비기 스몰스 그룹)이자

라이벌 갱단 멤버들에 의한 자동차 총격 사건으로 사망했다. 그 역시나 성폭력으로 실형을 선고받기도 했고, 경찰에게 권총을 들이댄 일로 8개월의 형을 살기도 했다.

30. J. Robert Lilly, Paul Knepper, "The Corrections-Commercial Complex," *Crime and Delinquency*, 39-2, avril 1993, pp. 150~166; Eric Schlosser, "The Prison-Industrial Complex," *The Atlantic Monthly*, 282, décembre 1998, pp. 51~77.

31. André Kuhn, "Populations carcérales: Combien? Pourquoi? Que faire?," *Archives de politique criminelle*, 20, printemps 1998, pp. 47~99, Pierre Tournier, "The Custodial Crisis in Europe, Inflated Prison Populations and Possible Alternatives," *European Journal of Criminal Policy and Research*, 2-4, 1994, pp. 89~110. *Bullletin d'information pénologique* du Conseil de l'Europe.

32. Administration pénitentiaire, *Rapport annuel d'activité 1996*, Paris, Ministère de la justice, 1997, p. 14.

33. Pierre Tournier, "La population des prisons est-elle condamnée à croître?," *Sociétés et représentations*, 3 novembre 1996, pp. 321~322.

34. Thierry Godefroy, "Mutation de l'emploi et recomposition pénale," Paris, Cesdip, 1998, pp. 16~17, Thierry Godefroy, Bernard Laffargue, *Changements économiques et répression pénale*, Paris, Cesdip, 1995.

35. RMI(최저소득보조비)는 1980년대 말 프랑스에 도입된 새로운 빈민 정책의 상징적 프로그램에 불과하다. 10년 사이 그 수급자가 2.8배나 증가, 예산이 5배나 늘어나는 등 비약적인 성장을 했다.

36. Georg Rusche, Otto Kirscheimer, *Structure sociale et peine*, Paris, Le Cerf, 1994(orig. 1939); T. Chiricos, M. Delone, "Labor Surplus and

Punishment: A Review and Assessment of Theory and Evidence," *Social Problems*, 39-4, 1992, pp. 421~446.

37. S. Snacken, K. Beyens, J. Tubex, "Changing Prison Populations in Western Countries: Fate or Policy?," *European Journal of Crime, Criminal Law and Criminal Justice*, 3-1, 1995, pp. 18~53, 28~29.

38. Bruno Aubusson de Cavarlay, "Hommes, peines et infractions," *Année sociologique*, 35, 1985, p. 293. 범법 행위에 대한 사법저 추상화로서의 징계인 징역형은 "2명 중 1명이 무직이며, 7명 중 1명이 노동자, 30명 중 1명이 고용주이다. 벌금형은 이 반대식이다"(pp. 291-292). 프랑스의 무직자 수감자 비율은 다음처럼 산정될 수 있다. 전국 수감자를 대상으로 한 조사 가운데 취로 상황과 관련한 질문에서, 자신이 실업자라고 바로 답변할 수 있었던 사람은 전체 중 26퍼센트로, 그 가운데 18퍼센트는 취업한 적 있다가 실직했으며, 6퍼센트는 한 번도 일자리를 가져본 적이 없다. 반면 이 취로 상황과 관련해 확실한 답변을 하지 못한 사람의 40퍼센트 가운데 그 4분의 1(왜 4분의 1인가 하면, 앞에서 자신이 실업자라고 확실히 답변한 사람이 26퍼센트라면 대략 전체의 4분의 1에 해당한다. 확실한 답변을 하지 못한 사람들 가운데 적어도 이와 동일한 비율의 4분의 1은 실업자일 확률이 높다고 가정해보는 것이다-옮긴이)이 실업자라고 아주 조심스럽게 가정해본다면, 무직자 수감자 비율은 26퍼센트에 이어 10퍼센트가 늘어난다(40퍼센트의 4분의 1은 10퍼센트-옮긴이). 게다가 기타(가령 학생, 군인, 주부 등)에 해당하는 5퍼센트 가운데 그 일부까지 추가한다면, 무직자 수감자는 아무리 낮게 추산해도 전체 수감자의 35퍼센트를 넘는다. 취로 상황과 관련한 질문에 확실히 대답하지 못한 사람의 절반(4분의 1이 아니라-옮긴이)이 만일 무직자라고 가정한다면, 이 비율은 거의 50퍼센트에 육박한다(이 통계는 전국 수감자 자료에서 뽑은 것이다. 친절하게도 이 자료를 제공해준 형무 행정 인구통계학자 Annie Kensey에게 감사드린다). 프로방스-알프-코트

다쥐르 지역에서 행한 어느 심층 면접 조사에서도 이 지역 수감자 절반이 구속 당시 무직자였다(Jean-Paul Jean, "L'inflation carcérale," *Esprit*, 215, octobre 1995, pp. 117-131).

39. Rod Morgan, "Imprisonment: Current Concerns and a Brief History Since 1945," *The Oxford Handbook of Criminology*, Oxford, Oxford University Press, 1997, p. 1161.

40. Cf. Ellis Cashmore, Edward McLaughlin(éds), *Out of Order? Policing Black People*, Londres, Routeledge, 1991; J. H. Smith, "Race, Crime and Criminal Justice," *The Oxford Handbook of Criminology*, Oxford, Oxford University Press, 1993, pp. 703~759; David J. Smith(영국에 대해), Hans-Jörg Albrecht(독일에 대해), Josine Junger-Tas(네덜란드에 대해), Michael Tonry(éd.), *Ethnicity, Crime, and Immigration: Comparative and Cross-National Perspectives*, Chicago, The University of Chicago Press, 1997, pp. 101~182, 31~99, 257~310.

41. Fabienne Brion, Anabelle Rihoux, François de Coninck, "La surpopulation et l'inflation carcérales," *La Revue Nouvelle*, 109-4, avril 1999, pp. 48~66.

42. Pierre Tournier, "La délinquance des étrangers en France: analyse des statistiques pénales," in Salvatore Palidda(sous la dir. de), *Délit d'immigration/Immigrant delinquency*, Bruxelles, Commission européenne, 1996, p. 158.

43. 클로드 포즈롱Claude Faugeron에 의한 이상적이고 전형적인 구분에 따르면, "La dérive pénale," *Esprit*, 215, octobre 1995, pp. 132~144.

44. Jean-Pierre Perrin-Martin, *La Rétention*, Paris, L'Harmattan, 1996. 그리고 프랑스, 영국, 독일 및 미국과의 비교를 위해서라면 잡지 *Culture et conflits* 23 호를 볼 것. "Circuler, enfermer, éloigner. Zones d'attente et centres de rétention des démocraties occidentales"(1996).

45. Laurence Vanpaeschen, *Barbelés de la honte*, Bruxelles, Luc Pire, 1998
Fabienne Brion, "Chiffrer, déchiffrer: Incarcération des étrangers et
construction sociale de la criminalité des immigrés en Belgique," in
Salvatore Palidda(sous la di. de), *Délit d'immigration/Immigrant
Delinquency, op. cit.*, pp. 163~223.

46. Salvatore Palidda, "La construction sociale de la déviance et de la
criminalité parmi les immigrés: le cas italien," in Salvatore Palidda(sous la
dir. de), *Délit d'immigration/ Immigrant Delinquency, op. cit.*, pp. 231~266.

47. Didier Bigo, *L'Europe des polices et la sécurité intérieure*, Bruxelles,
Complexe, 1992, "Sécurité et immigration: vers une gouvernementalité de
l'inquiétude," *Cultures et conflits*, 31-32, automne 1998, pp. 13~38.

48. Nils Christie, "Suitable Enemy," in Herman Bianchi, René van
Swaaningen(éds.), *Abolitionism: Toward a Non-Repressive Approach to
Crime*, Amsterdam, Free University Press, 1986.

49. 이민자의 이 범죄화 과정에 대해서는 Alessandro Dal Lago(sous la dir. de),
Lo straniero e il nemico, Gênes, Costa e Nolan, 1998; "Etnografia delle
migrazioni," *Rassegna Italiana di Sociologia* 특별호 ; "Délits d'immigration,"
Actes de la recherche en sciences sociales, 129, septembre 1999; 네덜란드의
사례에 대해서는 Godfried Engbersen, *In de schanduw van morgen.
Stedelijke marginaliteit in Nederland*, Amsterdam, Boom, 1997; Michael
Kubink, *Verständnis und Bedeutung von Ausländerkriminalität. Eine
Analyse der Konstitution sozialer Probleme*, Pfaffenweiler, Centaurus,
1993. '백인 밑'이라는 말은 사회학자 앙드레 레아André Réa한테서 빌려왔고,
그는 또 프랑스 힙합 그룹 IAM에서 이 말을 빌려왔다. *Immagration et*

racisme en Europe, Bruxelles, Éditions Complexe, 1998.

50. Nils Christie, *Crime Control as Industry: Towards Gulags, Western Style*, Londres, Routeldge, 1994(2판 증보판), p. 69; 영국에 대해서는 Steven Box, *Recession, Crime, and Punishment*, Londres, Macmillan, 1987, 4장, "The State and 'Problem Population'"

51. Nils Christie, *Crime Control as Industry, op. cit.*, pp. 66~67. 다른 유럽 국가들의 통계는 Pierre Tournier, *Statistiques pénales annuelles du Conseil de l'Europe, Enquête 1997*, Strasbourg, sous presse(이 자료를 먼저 나에게 보여준 저자에게 감사드린다).

52. Pierre Tournier, *Inflation carcérale et surpeuplement des prisons*, Strasbourg, Conseil de L'Europe, 표 1.1, 2. 3, 4; 이탈리아, 그리스, 네덜란드의 과잉 수감 및 그 결과에 대해서는 Vivien Stern, "Mass Incarcertation: 'A Sin Against the Future'?" *European Journal of Criminal Policy and Research*, 3, 1996, pp. 9~12.

53. Maud Guillonneau, Annie Kensey, Philippe Mazuet, "Densité de population carcérale," *Cahiers de démographie pénitentiaire*, 4, septembre 1997(프랑스에 대해서).

54. Administration pénitentiaire, *Rapport annuel d'activité 1996, op. cit.*, p. 113.

55. Rod Morgan, "Tortures et traitement inhumains ou dégradants en Europe: quelques données, quelques questions," in Claude Faugeron, Antoinette Chauvenet, Philippe Combessie, *Approches de la prison*, Bruxelles, DeBoeck Université, 1997, pp. 323~347. 그 대회장인 법학자 안토니오 카셋세Antonio Cassesse의 고문방지 위원회의 현장 보고서를 볼 것. *Inhuman States: Imprisonment, Detention, and Torture in Europe Today,*

Cambridge, Polity Press, 1996(이탈리아어판, *Umano-Disumano*, 1994).

56. 클로드 포즈롱이 강조한 다양성에 대해서는 *Les Politiques pénales*, Paris, La documentation française, "Problèmes politiques et sociaux," 1992. 또 John Muncie, Richar Sparks(éds.), *Imprisonment: European Perspectives*, Hempstead, Harvester Wheatsheaf, 1991. 법적 처벌 면제 대상 확대 및 형량 수위 개별화, 판사의 중재 및 화해 조정 신청 노력에도 불구하고 수감자 수가 상 승할 수 있다. 사회 정책 혹은 형벌 정책만으로도 설명할 수 없을 만큼 수감 인 원의 전개 및 발전 상황은 다양하고도 모순적인 흐름에 따른다.

57. 프랑스에서는 가령 "재소자 사회 복귀라는 형무 행정 임무가 공식 발언에서 항상 강조되었지만, 실제 현실에서는 항상 격리, 소외라는 말이 지배적이었다" (Anne-Marie Marchetti, "Pauvreté et trajectoire carcérale," in C. Faugeron, et al., *Approches de la prison, op. cit.*, p. 197). 프랑스, 벨기에, 영국, 네덜란 드에 대한 형벌 정책의 강화에 대해서는 S. Snacken et al., "Changing Prison Populations in Western Countries: Fate or Policy?," *art. cit.*, pp. 34~36.

58. René van Swaanigen et Gérard de Jonge, "The Dutch Prison System and Penal Policy in the 1990s: From Humanitarian Paternalism to Penal Business Management," in Vincenzo Ruggiero, Mick Ryan, Joe Sim(éds.), *Western European Penal Systems: A Critical Anatomy*, Londres, Sage, 1995, pp. 24~45. Cf. Karen Leander, "The Normalization of the Swedish Prison," in *ibid.*, pp. 169~193.

59. David M. Downes, *Contrasts in Tolerance: Post-war Penal Policy in the Netherlands and England and Wales*, Oxford, Clarendon Press, 1988.

60. 벨기에의 경우 사회보장 정책과 형벌 정책의 통합–연계 과정이 더욱 가시적 이었다. 사회 집단 보호 차원의 공공복지 사업에서 지자체 단위의 중앙 정책 결 정 능력 및 이행 능력의 미약함이 형벌 정책 가열화를 불러왔다. Cf. Yves

Cartuyvels, Luc Van Campenhoudt, "La douce violence des contrats de sécurité," *La Revue nouvelle*, 105, mars 1995, pp. 49~56; Yves Cartuyvels, "Insécurité et prévention en Belgique: les ambiguïtés d'un modèle 'global-intégré' entre concertation partenariale et intégration verticale," *Déviance et société*, 20-2, 1996, Philippe Mary(sous la dir. de), *Travail d'intérêt général et médiation pénale. Socialisation du pénal ou pénalisation du social?*, Bruxelles, Bruylant, 1997.

61. 1999년 7월 15일 《르몽드》에 실린 정보는 Collectif informatique, fichiers et citoyenneté에서 확인되었다.

62. 이 자료를 통해 불법 체류 외국인에 대한 행정 서류 작업 및 정보화 처리가 1997년 10월 비밀리에 행해졌음을 알 수 있다. 전자 파일에 얼마나 많은 정보가 얼마나 많은 시간 동안 정확히 어떤 용도를 위하여 보관되었는지는 다 알 수 없지만.

63. 미국은 이미 오래전에 이런 작업을 했다고 할 수 있다. 재정적자삭감법안 Budget Deficit Reduction Act에 따라 극빈자를 위한 국가연방보조금 불입 조건 평가를 위해 생활보조, 의료보험, 세금(소득세 및 주민세), 퇴직 연금 등에 관한 모든 자료가 통합된 파일이 1984년부터 이미 마련되어 있었다(Gary T. Marx, *Undercover: Police Surveillance in America*, California, University of California Press, 1988, p. 210).

64. "Interconnexion des fichiers: les nouveaux alchimistes," *Hommes et libertés*, 102, 1999, p. 16.

65. Onderzoekscommissie, *Het Recht op Bijstand,* La Haye, VUGA, 1993; Paola Bernini, Godfried Engbersen, "Koppeling en uitsluiting: over de ongewenste en onbedoelde gevolgen van de koppelingswet," *Nederlands Juristenblad*, 74, 1998, pp. 65~71.

66. Radboub Engbersen, *Nederland aan de monitor*, Utrecht, Dutch

Institute for Care and Welfare, 1997.

67. Michel Foucault, "*Omnes et singulatim:* vers une critique de la raison politique"(1981), *Dits et écrits*, vol. IV, Paris, Gallimard, 1994, pp. 134~161.

68. Christine Lazergues, Jean-Pierre Balduyck, *Réponses à la délinquance des mineurs, op. cit.*

69. 보건복지부 장관은 계속해서 말한다. "하지만 우리는 이미 안전 정책이 있습니다. 조스팽 총리도 자주 말했지만 어쨌든 우리가 내거는 기치 가운데 하나인 우리 시민의 안전 말입니다. 안전이 절대 보장되어야 하지만 사실 지금은 완전히 확신할 수가 없습니다. 총리도 자주 그런 말을 했습니다만 다시 말합니다. 무슨 일이 지금 일어나고 있는지 알아야 합니다. 상황을 이해해야 합니다. 그들이 '우리 적은 아닙니다'"(TF1 방송 기록. 작은따옴표는 내가 강조한 것이다). 여기서 "시민"이라는 표현을 주의해야 한다. 오늘날 어느 분야에서나 민주적이고 진보적인 색채를 띠기 위해 입히는 형용사다. 시민이라는 말을 써도 의도와는 상관없이 그 시행이나 결과에 있어서는 본질적으로 불평등하고 차별적인 정책일 뿐이다. 경제 및 사회복지 분야에서 국가가 한발 뒤로 물러난 데 따른 여파로 도시 외곽 지역은 치안력의 공급 및 배분을 더 많이 받고 있는 꼴이다(이런 맥락에서 영어 Welfare의 프랑스어 번역어는 '월급 시민'이 될 것이다. 그들이 허약해지면 사회보장 신입회원을 노동자 공동체에 데려다놓겠다는 것이다).

70. "마담 기구Guigou는 진압과 교육을 조합해야 한다고 말했다"(*Le Monde*, 19 janvier 1999). 교육은 사회당인 이상 내세워야 하는 일종의 알리바이다. 사실 빈민 경영에 있어서 형벌 정책이라는 특단적 조치를 취하기 위한 합리화에 불과하다. 여기서 말하는 교육은 전혀 '예방적'(만일의 누범을 막는다는) 차원이 아니다. 그도 그럴 것이 완전 열려 있는, 혹은 사법 감독 하의 처벌 환경 속에서 선고를 받은 다음 이루어지는 조치이기 때문이다. 더 일탈적인 범죄를 막기 위해서는 교육 차원의 진정한 예방 조치가 필요하다. 그러나 이를 위해서는 최소한의

미디어 효과를 위해서라도 더 많은 비용이 요구된다.

71. *Libération*, 4 janvier 1999, p. 2.

72. Cf. Julien Duval, Christophe Gaubert, Frédéric Lebaron, Dominique Marchetti, Fabienne Pavis, *Le "Décembre" des intellectuels français*, Paris, Éditions Raisons d'agir, 1998.

73. Régis Debray, Max Gallo, Jacques Juillard, Blandine Kriegel, Olivier Mongin, Mona Ozouf, Anicet Le Pors, Paul Thibaud, "Républicains, n'ayons pas peur!," *Le Monde*, 4 septembre 1998, p. 13(따옴표 친 문장은 이 책에서도 그대로 살렸다) 위협jeopardy의 비유법에 대해서는 Albert Hirschman, *Deux siècles de réthorique réactionnaire*, Paris, Éditions Fayard, 1992.

74. 닉슨도 '법과 질서'라는 표현을 남부 인종 분리주의자들한테서 빌려왔다. 지난 10여 년간 전개되어온 흑인들의 인권 운동을 탄압하기 위해 이런 말을 만들었다.

75. "폭력 범죄에서 선두를 달리는 동네가 불법 이민자들이 가장 많이 사는(그래서 빈곤과 실업도 생길 수밖에 없는) 곳이라는 사실을 확인함으로써 우리도 어쩔 수 없이 인종 차별이라는 세이렌(사이렌)의 목소리에 항복할 수밖에 없는가?"라고 순진하고 솔직한 척하면서 레지스 드브레와 그 공동 서명자는 묻는다. 그들로서는 당연히 그렇다고 대답할 수밖에 없다. 왜냐하면 이런 "확증 사실"은 순전히 그들의 환상을 투영해서 만든 것에 불과하기 때문이다. 그러나 지역성과 관련하여 불법 이민에 대한 어떤 객관적이고 신빙성 있는 자료도 사실상 없다. 현장 지역에 대한 공식적 실태 파악도 없이 작성한 가상 프랑스 도시빈민 지도 및 이민자 집단 지도일 뿐이다. 폭력 및 빈곤 지도는 그러니 더욱 가상이다. 프랑스 국립통계경제연구소INSEE의 자료에 따르면, 프랑스에서 거주 환경 수준이 가장 낮은 구역이 반드시 유색인종 이민자(불법 체류든 아니든) 집단 구역도 아니며, 집단 폭력 및 범죄가 만연한 곳도 아니다. 일부 일간지 논조를 참고하거나

텔레비전 시청자들의 일부 인상에 의거하기보다 믿을 만한 지표를 세우는 노력
을 조금이라도 더 기울이는 편이 나았을 것이다(cf. Noëlle Lenoir, Claire
Guignard-Hamon, Nicole Smadja, *Bilan/Perspectives des contrats de plan
de développement social des quartiers*, Paris, La documentation française,
1989/OCDE, *An Exploratory Quantitative Analysis of Urban Distress in
OECD Countries*, Paris, OCDE, 1997).

76. 프랑스 실형 확정자 가운데 마약 사범이 전체 수감자의 20퍼센트로 가장 많
다. 15년 이래 마약 사범 비율은 더욱 증가했다(Annie Kensey, Philippe
Mazuet, "Analyse conjoncturelle de la population détenue," *Cahiers de
démographie pénitentiaire*, 3 mai 1997, p. 4).

77. Hilde Tubex, Sonja Snacken, "L'évolution des longues peines de prison:
sélectivité et dualisation," in Claude Faugeron et al., *Approches de la
prison, op. cit.*, pp. 221~244.

78. 드브레와 그 공동 서명자들은 최근 사건사고 뉴스에서 임의대로 이리저리 주
워 모은 실형 선고 예들에 집중하며 완전 영속 비처벌주의 신화에 의혹의 눈길
을 보낸다. 가령 1998년 12월 31일 망년회 때(프랑스 식으로는 실베스트르 성녀 축
일) 스트라스부르에서 누군가는 소형 트럭을 불태운 죄로 초범임에도 불구하고
8개월(실형 4개월)을 선고받았고, 또 쾨니스호펜에서 버스 정류장 유리창을 깨고
한 경관의 머리를 들이박은 어떤 청년은 10개월(실형 5개월)을 선고받았다. 1998
년 10월 15일 파리 나시옹 광장에서 있었던 고등학생 시위로 아수라장이 된 틈
을 타 한 전화기 매장에서 훔친 핸드폰과 자동차에서 훔친 신분증을 갖고 있다
가 다른 매장에서 덜미가 잡힌 27세 청년은 "한 번 절도범은 영원한 절도범"이
된다는 이유로 10개월 형을 선고받았고, 담배 가게가 습격당한 와중에 보도에
떨어져 있던 담뱃갑 몇 개를 주운 죄로 한 18세 소녀는 2개월 집행유예를 받았
다. 이런 범법 행위들은 진짜 중범죄에 비하면 정말 아무것도 아니다.

79. Josette Junger-Tas et al., *Delinquent Behavior Among Young People in the Western World: First Results of the International Self-Report Delinquent Study*, Amsterdam et New York, Kugler, 1994; Martin Killias, "La criminalisation de la vie quotidienne et la politisation du droit pénal," *Revue de droit suisse*, 114, 1995, pp. 369~449.

80. Mick Ryan, "Prison Privatisation in Europe," *Overcrowded Times*, 7-2, avril 1996, pp. 16~18. "Analysis: Private Prison," *The Manchester Guardian*, 26 août 1998.

81. Wolfgan Ludwig-Mayerhoffer, "The Public and Private Sectors in Germany: Rethinking Develepments in German Penal Control," *International Journal of the Sociology of Law*, 24, 1996, pp. 273~290.

82. Keith Dixon, *Les Évangélistes du marché, op. cit.,* 1998.

83. Prison Service, *Research Report n.5*, Londres, juillet 1998; Rod Morgan, "Imprisonment: Current Concerns and a Brief History Since 1945," *art. cit.,* pp. 1137~1194.

84. Douglas McDonald, "Public Imprisonment by Private Means: The Re-Emergence of Private Prisons and Jails in the United States, the United Kingdom, and Australia," *British Journal of Criminology*, 34, 1994.

85. Brain Williams, "The US New Right and Corrections Policy: The British Example," *The Social Worker/Le Travailleur social,* 64-3, automne 1996, pp. 49~56.

86. 영국 '형벌 분위기'에 관한 한 최고 전문가인 리처드 스파크스Richard Sparks 는 최근 10년간 영국 형벌 정책의 경향에 대해 "폭압적이고 엄격한 19세기 빈민 정책 및 형벌 이데올로기로의 회귀"라고 말했다(Richard Sparks, "Penal Austerity: The Doctrine of Less Eligibility Reborn?" in Rod Matthews, Paul

Francis(éds.), *Prison 2000*, Londres, Macmillan, 1996, pp. 74~93). 빅토리
아 시대식 형벌 정책으로의 퇴행은 사회복지 정책의 퇴행도 아울러 불러왔으며
이로 인한 노동자 계급의 삶의 질 저하, 사회 계층 간 불평등 심화로 불안이라는
사회 집단적 심리도 가져왔다.

87. 이 분야에서 프랑스는 구별되는데, 1994년 바뀐 새 형법에서는 구걸 행위를
범죄로 인정하지 않았지만, 이를 진압하기 위한 시 경찰 당국의 체포 건수는 늘
어났다(Julien Damon(sous la dir. de), *Les SDF*, Paris, La documentation
française, "Problèmes économiques et sociaux," 1996, pp. 20~21, *idem*,
"La grande pauvreté: la tentation d'une rue aseptisée," *Informations
sociales*, 60, 1997, pp. 94~101).

88. David Garland, "The Limits of the Sovereign State: Strategies of Crime
Control in Contemporary Society," *The British Journal of Criminology*, 36-
4, automne 1997, pp. 445~471; "Les contradictions de la société punitive: le
cas britannique," *Actes de la recherche en sciences sociales*, 124, septembre
1998, pp. 49~67. 클로드 포즈롱이 지적한 것처럼, 서구 유럽 사회 대부분에서
"형벌주의는 점점 더 다가치적 성격을 띠게 됨으로써 개인적·사회적 위험 관리
장치라는 성격도 갖게 되었다("La dérive pénale," *art. cit.*, pp. 133, 144).

89. 로버트 워커Robert Walker에 따르면, 영국은 지금 서부 유럽 국가의 사회복지
프로그램보다는 훨씬 범주를 나누는 미국식 웰페어 시스템을 준비하고 있다
("The Americanization of British Welfare: A Case Study of Policy
Transfer," *Focus*, 123, 1998).

90. W. Yong, M. Brown, "Cross-National Comparisons of Imprisonment," in
Michael Tonry(éd.), *Crime and Justice: A Review of Research*, Chicago, the
University of Chicago Press, 1995. 데이비드 그린버그David Greenberg의 현
재 진행 중인 연구에 따르면, 수감률의 국제적 차이는 경제적 불평등 및 국가 기

관의 역량에 따라 더욱 좌우된다("Punishment, Division of Labor, and Social Solidarity," International Socialogical Association 국제총회 1998년 7월).

91. Bruce Western, Katherine Beckett, David Harding, "Le marché du travail et le système pénal aux Etats-Unis," *Actes de la recherche en sciences sociales,* 124, septembre 1998, pp. 27~35, *idem,* "How Unregulated is the US Labor Market?," *art. cit.*

92. Anne-Marie Marchetti, *Pauvretés en prison,* Ramonville Saint-Ange, Cérès, 1997, pp. 129~165.

93. Anne-Marie Marchetti, "Pauvreté et trajectoire carcérale," in *Approches de la prison, op. cit.,* p. 197, et *idem, Pauvretés en prison, op. cit.,* pp. 185~205.

94. Maud Guilloneau, Annie Kensey, Philippe Mazuet, "Les ressources des sortants de prisons," *Cahiers de démographie pénitentiaire,* 5 février 1998.

95. Cf. Tony Bunyan(éd.), *Statewatching the New Europe,* Londres, Statewatch, 1993; Jean-Claude Monet, *Polices et sociétés en Europe,* Paris, La documentation française, 1993; Michael Anderson(éd.), *Policing the European Union,* Oxford, Clarendon Press, 1995; James Sheptycki, "Transnationalism, Crime Control, and the European State System," *International Criminal Justice Review,* 7, 1997, pp. 130~140.

96. Didier Bigo, *Polices en réseaux. L'expérience européenne,* Paris, Presses de Sciences-po, 1996, pp. 12, 327, *idem*(sous la dir. de), *L'Europe des polices et de la sécurité intérieure,* Bruxelles, Éditions Complexe, 1992 Malcolm Anderson et al., *Policing the European Union: Theory, Law and Practice,* Oxford, Clarendon Press, 1995.

97. Cf. Kuhn, "Populations carcérales; Combien? Pourquoi? Que faire?," *art.*

cit., pp. 63~71, Snacken et al., "Changing Prison Populations in Western Countries Fate or Policy?," *art. cit.,* pp. 36~37. 독일의 수감 디플레이션 정책에 대해서는, Johannes Feest, "Reducing the Prison Population: Lesssons from the West German Experience," in John Muncie, Richard Sparks(éds), *Imprisonment: European Perspectives, op. cit.,* pp. 131~145. 핀란드 수감 인원 감소의 문화적·정치적 맥락에 대해서는 Nils Christie, "Éléments de géographie pénalc," *Actes de la recherche en sciences sociales,* 124, septembre 1998, pp. 68~74.

98. Marcel Mauss, "Les civilisations: éléments et formes"(1929), in *Œuvres,* vol. II: *Représentations collectives et diversité des civilisations,* Paris, Éditions de Minuits, 1968, p. 470. Cf. 프랑스의 경우는 피에르 투르니에Pierre Tournier의 예증을 볼 것. "La population des prisons est-elle condamnée à croître?," *art. cit.*; Nils Christie, "Éléments de géographie pénale," *art. cit.*

99. 빅토리아 시대 영국의 이 병합화 사례에 대해서는 David Garland, *Punishment and Welfare: A History of Penal Strategies*(Aldershot, Gower, 1985).

100. Philippe van Parijs, *Refonder la solidarité,* Paris, Éditions du Cerf, 1996. 그리고 BIEN(Basic Income European Network)은 이 조건 없는 '시민 소득' 제도가 예산 차원에서도 충분히 현실적이며 경제 차원에서도 효과가 있고, 시민적·사회적 기강 차원에서도 충분히 바람직한 일임을 증명하고 있다. 유일한 장애물이라면 바로 비전의 부재, 정치적 의지의 결핍이다.

가난을 엄벌하다

초판 1쇄 발행 2010년 5월 20일

지은이 · 로익 바캉
옮긴이 · 류재화
펴낸이 · 표완수
편집인 · 문정우

펴낸곳 · ㈜참언론 시사IN북
출판신고 · 2009년 4월 15일 제 300-2009-40호
주소 · 110-090 서울시 종로구 교북동 11-1 부귀빌딩 6층
주문전화 · 02-3700-3256, 02-3700-3250(마케팅팀), 02-3700-3275(편집부)
주문팩스 · 02-3700-3209
전자우편 · book@sisain.kr
블로그 · book.sisain.co.kr

ISBN 978-89-962688-4-0 03330